東 靑 龍 · 四

낭송 열자

낭송Q시리즈 동청룡 04
낭송 열자

발행일 초판1쇄 2014년 11월 7일(甲午年 乙亥月 壬午日 立冬)
지은이 열자 │ **풀어 읽은이** 홍숙연 │ **펴낸곳** 북드라망 │ **펴낸이** 김현경 │
주소 서울시 중구 청파로 464, 101-2206(중림동, 브라운스톤서울) │ **전화** 02-739-9918 │
이메일 bookdramang@gmail.com

ISBN 978-89-97969-42-5 04150 978-89-97969-37-1(세트) │ 이 도서의 국립중앙도서
관 출판시도서목록(CIP)은 서지정보유통지원시스템 홈페이지(http://seoji.nl.go.kr)
와 국가자료공동목록시스템(http://www.nl.go.kr/kolisnet)에서 이용하실 수 있습니
다.(CIP제어번호: CIP2014030328) │ 이 책은 저작권자와 북드라망의 독점계약에 의
해 출간되었으므로 무단전재와 무단복제를 금합니다. 잘못 만들어진 책은 서점에서 바
꿔 드립니다.

책으로 여는 지혜의 인드라망, 북드라망 **www.bookdramang.com**

낭송
Q
시리즈

동청룡
04

낭송
열자

열자
지음

홍숙연
풀어
읽음

고미숙
기획

1. '낭송Q'시리즈의 '낭송Q'는 '낭송의 달인 호모 큐라스'의 약자입니다. '큐라스'(curas)는 '케어'(care)의 어원인 라틴어로 배려, 보살핌, 관리, 집필, 치유 등의 뜻이 있습니다. '호모 큐라스'는 고전평론가 고미숙이 만든 조어로, 자기배려를 하는 사람, 즉 자신의 욕망과 호흡의 불균형을 조절하는 능력을 지닌 사람을 뜻하며, 낭송의 달인이 호모 큐라스인 까닭은 고전을 낭송함으로써 내 몸과 우주가 감응하게 하는 것이야말로 최고의 양생법이자, 자기배려이기 때문입니다(낭송의 인문학적 배경에 대해 더 궁금하신 분들은 고미숙이 쓴 『낭송의 달인 호모 큐라스』를 참고해 주십시오).

2. 낭송Q시리즈는 '낭송'을 위한 책입니다. 따라서 이 책은 꼭 소리 내어 읽어 주시고, 나아가 짧은 구절이라도 암송해 보실 때 더욱 빛을 발합니다. 머리와 입이 하나가 되어 책이 없어도 내 몸 안에서 소리가 흘러나오는 것, 그것이 바로 낭송입니다. 이를 위해 낭송Q시리즈의 책들은 모두 수십 개의 짧은 장들로 이루어져 있습니다. 암송에 도전해 볼 수 있는 분량들로 나누어 각 고전의 맛을 머리로, 몸으로 느낄 수 있도록 각 책의 '풀어 읽은이'들이 고심했습니다.

3. 낭송Q시리즈 아래로는 동청룡, 남주작, 서백호, 북현무라는 작은 묶음이 있습니다. 이 이름들은 동양 별자리 28수(宿)에서 빌려 온 것으로 각각 사계절과 음양오행의 기운을 품은 고전들을 배치했습니다. 또 각 별자리의 서두에는 판소리계 소설을, 마무리에는 『동의보감』을 네 편으로 나누어 하나씩 넣었고, 그 사이에는 유교와 불교의 경전, 그리고 동아시아 최고의 명문장들을 배열했습니다. 낭송Q시리즈를 통해 우리 안의 사계를 일깨우고, 유(儒)·불(佛)·도(道) 삼교회통의 비전을 구현하고자 한 까닭입니다. 아래의 설명을 참조하셔서 먼저 낭송해 볼 고전을 골라 보시기 바랍니다.

▷ 동청룡: 『낭송 춘향전』, 『낭송 논어/맹자』, 『낭송 아함경』, 『낭송 열자』, 『낭송 열하일기』, 『낭송 전습록』, 『낭송 동의보감 내경편』으로 구성되어 있습니다. 동쪽은 오행상으로 목(木)의 기운에 해당하며, 목은 색으로는 푸른색, 계절상으로는 봄에 해당합니다. 하여 푸른 봄, 청춘(靑春)의 기운이 가득한 작품들을 선별했습니다. 또한 목은 새로운 시작을 의미하기도 합

니다. 청춘의 열정으로 새로운 비전을 탐구하고 싶다면 동청룡의 고전과 만나 보세요.

▷ 남주작 : 「낭송 변강쇠전/적벽가」, 「낭송 금강경 외」, 「낭송 삼국지」, 「낭송 장자」, 「낭송 주자어류」, 「낭송 홍루몽」, 「낭송 동의보감 외형편」으로 구성되어 있습니다. 남쪽은 오행상 화(火)의 기운에 속합니다. 화는 색으로는 붉은색, 계절상으로는 여름입니다. 하여, 화기의 특징은 발산력과 표현력입니다. 자신감이 부족해지거나 자꾸 움츠러들 때 남주작의 고전들을 큰소리로 낭송해 보세요.

▷ 서백호 : 「낭송 흥보전」, 「낭송 서유기」, 「낭송 선어록」, 「낭송 손자병법/오기병법」, 「낭송 이옥」, 「낭송 한비자」, 「낭송 동의보감 잡병편 (1)」로 구성되어 있습니다. 서쪽은 오행상 금(金)의 기운에 속합니다. 금은 색으로는 흰색, 계절상으로는 가을입니다. 가을은 심판의 계절, 열매를 맺기 위해 불필요한 것들을 모두 떨궈 내는 기운이 가득한 때입니다. 그러니 생활이 늘 산만하고 분주한 분들에게 제격입니다. 서백호 고전들의 울림이 냉철한 결단력을 만들어 줄 테니까요.

▷ 북현무 : 「낭송 토끼전/심청전」, 「낭송 노자」, 「낭송 대승기신론」, 「낭송 동의수세보원」, 「낭송 사기열전」, 「낭송 18세기 소품문」, 「낭송 동의보감 잡병편 (2)」로 구성되어 있습니다. 북쪽은 오행상 수(水)의 기운에 속합니다. 수는 색으로는 검은색, 계절상으로는 겨울입니다. 수는 우리 몸에서 신장의 기운과 통합니다. 신장이 튼튼하면 청력이 좋고 유머감각이 탁월합니다. 하여 수는 지혜와 상상력, 예지력과도 연결됩니다. 물처럼 '유동하는 지성'을 갖추고 싶다면 북현무의 고전들과 함께해야 합니다.

4. 낭송은 최고의 휴식입니다. 소리의 울림이 호흡을 고르게 하고, 이어 몸과 마음이 평온해집니다. 혼자보다 가족과 친구, 연인과 함께하시면 더욱 효과가 좋습니다. 또한 머리맡에 이 책을 상비해 두시고 잠들기 전 한 꼭지씩만 소리 내어 읽어 보세요. 불을 끄고 자리에 누워서는 방금 읽은 부분을 낭송해 보세요. 개운한 아침을 맞을 수 있을 것입니다.

5. 「열자」는 원래 제1편 천서(天瑞), 제2편 황제(黃帝), 제3편 주목왕(周穆王), 제4편 중니(仲尼; 공자), 제5편 탕문(湯問), 제6편 역명(力命), 제7편 양주(楊朱)로 나누어져 있으나, 이 책 「낭송 열자」는 풀어 읽은이가 그 편제를 새롭게 하여 엮은 발췌 편역본입니다.

차 례

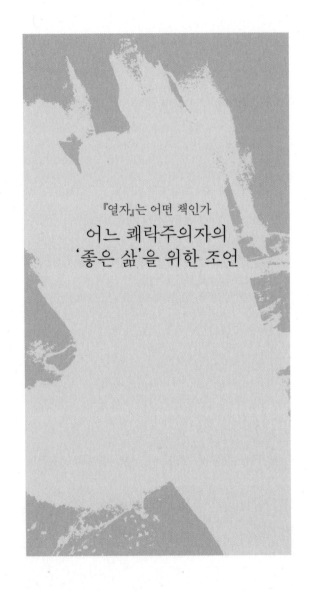

『열자』는 어떤 책인가

어느 쾌락주의자의
'좋은 삶'을 위한 조언

열자, 이름도 생소한 그는 성이 열列이고 이름은 어구禦寇라고 알려져 있다. 전국시대의 정鄭나라 사람으로, 생몰년도 정확하지 않고 누구와 교류했는지도 불확실하다. 『장자』의 기록에 따르면, 열자는 은둔의 삶을 살았던 것으로 보인다.

"열자는 아직 참된 학문을 하지 못했음을 깨닫고 집으로 돌아갔다. 3년 동안 나가지 않고 아내를 위해 밥을 짓고 돼지 기르기를 사람 먹이듯이 하여 세상일에 좋고 싫음이 없어졌다. 허식을 깎아 버리고 본래의 소박함으로 돌아가 무심히 독립해 있으면서, 갖가지 일이 일어나도 얽매이지 않았다. 오로지 이와 같이 하여 일생을 마쳤다."(『장자』莊子, 「응제왕」應帝王)

이 짧은 기록으로 미루어 보면, 열자는 학문으로 이름이 나지도 않았고 높은 벼슬을 하지도 못했지만 세상일에 얽매이지 않고 조용한 삶을 살았던 듯하다. 그가 살던 시대는 중국 대륙을 하나로 통일하는 것이 최대의 정치적 과제였던 전국시대戰國時代였다. 강대국들은 유능한 재상과 지략이 뛰어난 지식인을 등용하고, 무력을 앞세워 약소국들을 하나씩 병합해 갔다. 그 과정에서 수많은 사람들이 죽어 갔지만, 아이러니하게도 다양한 철학이 꽃피운 제자백가諸子百家의 시대기도 했다. 열자는 그중에도 노자, 장자와 함께 도가道家계열로 분류된다.

유가儒家나 법가法家, 병가兵家와 같이 현실적인 치국治國의 논리를 펼치는 대신, 열자는 그런 현세의 논리를 모두 부정하면서 우주와 운명에 관한 이야기를 전개한다. 명예를 좇는 것은 자기 삶을 갉아먹는 것이라는 생각이 『열자』列子를 관통하는 주제다. 인간은 목숨·명예·지위·재물을 탐하고 그것이 영원하길 바라지만, 세상 모든 것은 생겨나고, 변하고, 사라진다. 나 자신도 이 덧없는 흐름의 한 부분일 뿐이다. 그런데 이 궁극의 원리를 알지 못하고 소유할 수 없는 것들을 영원히 가지려고 발버둥치고 있으니, 이 짧은 생을 살면서 하루라도 편할 날이 있겠는가? 내가 가진 가치척도를 내려놓고 우주의 질서를 따르면 자신에게 어떤 불행이 닥쳐오더라도 그 때문에 일희일비하지 않을 수 있다. 불행 역시 변하고 사라지는 것이기 때문이다.

무엇이 '잘 사는' 것인가? 불가능한 소유를 향해

삶을 갉아먹고 급격한 감정의 기복을 겪는 대신, 사물과 자신의 모든 변화를 겪고 지켜보면서도 동요되지 않는 마음으로 살기. 이것이 『열자』가 말하는 '지극한 행복을 누리는 법'이다. 열자가 살던 시대에도, 그리고 지금도, '더 잘' 살겠다며 더 많이 갖고 더 출세하려고 아등바등하는 게 현실이다. 그런 사람들에게 『열자』는 묻는다. "그래서 지금 행복하십니까?"

* * *

은둔의 삶을 살았던 열자의 "말씀"은 제대로 정리되지 못했다. 세상에서 사라질 뻔한 그의 이름을 부활시킨 건 위진시대의 장잠張湛이었다. 영가의 난永嘉之亂, 308~313을 피해 강남으로 피난갔던 그는 여기저기 흩어진 열자의 말씀을 모으고 주석을 달아 세상에 전했다. 그리하여 빛을 보게 된 책이 『열자』다. 그러나 『열자』에는 열자의 말씀보다도 부랑자, 노인, 거지, 하급관리, 기술자 등 당대 '비주류'의 목소리가 비균질하게 수록되어 있다. 지금 우리에게 전하는 『열자』는 아마도 장잠이 그의 시대에 전해지던 열자의 말들을 편집해 넣고, 여기에 후세 사람들이 열자의 이름으로 덧보탠 이야기들을 더해 만든 '종합본'일 것이다.

『열자』는 현실적 가치를 부정하고 일신의 안녕을 추구하는 쾌락주의적 사상과 전아하지 못한 문체 때문에 지식인들의 필독서 목록에 오르지 못했다. 당대唐代 이후 이루어진 도교 경전 정리작업 과정에서 『열자』가 도교 경전으로 격상되기는 했지만, "엉성하고 황당하며 광대하고도 괴이해 군자의 말이라 할 수 없다"는 비판은 사라지지 않았다. 하지만 사람들의 서사적 상상력을 자극하는 면 때문에 줄곧 문학의 소재로 쓰여 왔다.

*　　*　　*

현재 남아 있는 『열자』는 총 8편으로 구성되어 있지만 어떤 체계가 있는 것은 아니다. 이 책에서는 『열자』의 여러 이야기들을 네 가지 주제로 묶어 보았다.

1부는 『열자』를 관통하는 핵심이랄 수 있는 우주론과 본성론, 무위지치無爲之治론을 담고 있다. 현재의 만족스러운 삶이 단순한 자기 위로에 머물지 않으려면 세계가 어떻게 존재하는지에 대한 깊은 사유가 있어야 한다. 세상의 모든 것은 나고, 자라고, 늙고 사라진다는 것에 대한 깨달음, 죽음조차도 새로운 삶을 위한 생성이라는 깨달음을 통해서만 진정으로 살아 있음 그 자체를 누릴 수 있다고 열자는 말한다. 모든 것은 이렇게 저절로 생겨났다 사라지는 것이므로 인간이 거기에 어떤 인위적인 조작을 가할 수 있는 게 아니다. 이것이 『열자』를 비롯한 도가道家들이 이상적인 정치로 내세운 무위無爲의 정치다.

2부는 열자가 전하는 운명론과 생사관을 중심으로 엮어 보았다. 죽음과 소멸을 두려움과 공포로 여기는 것은 살아 있음을 좋은 것으로 여기는 우리의 분별 때문이다. 삶을 좋아하고 죽음을 싫어하는 것이 인지상정이지만, 누구나 언젠가는 죽고, 존재하는 모든 것은 사라지기 마련이다. 살고 죽는 문제는 우리가 어쩌할 수 있는 게 아니다. 그걸 알면서도 정작 죽음이 닥치면 그 상실감과 비통함은 가늘 수 없다. 삶과 죽음의 문제를 어떻게 받아들여야 이런 고통에서 벗어날 수 있을까? 『열자』에서 그 힌트를 얻을 수 있을지도 모르겠다.

3부의 주제는 상식적 판단에 대한 '열자적 전복'이

다. 『열자』는 시종일관 우리의 분별력을 조롱한다. 현실 속에서 우리는 항상 옳고 그름, 이로움과 해로움, 행과 불행을 구별하지만 『열자』의 우화들은 그것이 얼마나 편협한 분별인지를 보여 준다. 『열자』의 '무분별'은 분별력의 상실이 아니라 고정된 가치기준의 거부다. 불화와 싸움은 모두 자기가 옳다 여기는 데서 비롯된다. 그러나 세상이치는 절대적으로 옳은 것이 있을 수 없다. 격렬한 싸움으로 치닫기 전에 한 번쯤 자기를 돌아보고 타인의 입장에 서 보는 게 어떨까? 『열자』 특유의 코믹하고 다소 황당한 에피소드들이 이 질문을 이끌어 갈 것이다.

4부에서는 『열자』에서 가장 흥미로운 부분인 환상적이고 몽환적인 이야기들을 모아 보았다. 신화나 전설에 나올 법한 신선, 인간이 연마할 수 있는 가장 최고의 경지에 이른 달인, 중국이라는 지리적 공간을 넘어서는 이상한 나라의 기묘한 풍습들에 이르기까지, 『열자』는 고대 중국인들의 상상력의 극한을 보여 주는 판타지들로 가득하다. 끝을 알 수 없는 광대한 세계부터 더 이상 작아질 수 없는 미세한 세계까지를 두루 아우르는 이런 이야기들은 뻑뻑한 예禮를 따르고 입신양명의 삶을 살아야 했던 중국 지식인들의 삶에 숨통을 틔워 주지 않았을까. 분명, 중국식 농담과 허풍의 진수를 보게 될 것이다. 이 광대무변廣大無邊한 『열자』의 세계로 '정신적 유람'을 떠나보자.

*　　*　　*

이렇게 해서 『열자』의 또 다른 판본이 생겼다. 지금까지 전하는 『열자』의 원본을 그대로 해석한 판본이 아니라 낭송하기 좋게 다듬고 주제별로 취사선택했다는 점에서, 『열자』의 두서없는 체계에 잔가지 하나를 더 보태게 되었다. 그러나 판본이 수없이 바뀌고 변형을 거듭하더라도 "삶을 즐기는 것이 올바른 일이며, 몸을 편안히 하는 것이 올바른 일"이라는 열자의 주장만은 예나 지금이나 변치 않을 핵심적 메시지로 남을 것이다.

열자가 살던 시대에도 죽음을 집으로 돌아가는 과정이라고 다독여야 할 정도로 전쟁과 학살이 끊이지 않았고, 그로부터 이천오백여 년이 지난 지금도 그러한 불행이 계속되고 있지만, 열자는 '그래도' 삶을 버리지 말라고 신신당부한다. 태어난 이상 우리는 여기서 행복해야 한다. 행복을 위해 어떤 '외적 조건'도 필요치 않다. 부자가 되면, 지위를 얻으면, 존경을 받으면 행복할 거라 하지만, 이건 어떤 부당함이라도 참고 그대로 있으라는 말과 같다. 상식적 분별을 버리고, 척도를 내려놓고, 미래라는 환상에 현재를 걸지 않고, '지금 당장' 나의 행복을 실행하겠다고 하는 것만큼 위험한 사상이 있을까? 『열자』가 홀대받은 이유는 어쩌면 이런 불온함 때문인지도 모르겠다. 『열자』를 읽으며 슬픔과 즐거움, 고통과 안락에서 격동하는 우리의 마음이 조금이나마 평온해지기를, 지옥행 급행열차에 타고 있으면서도 천국행 티켓을 쥐고 있다는 환상에서 벗어나 지금 이곳에서 우리의 행복과 안락을 구성할 수 있기를!

또 다른 전국시대를 살아가며

홍숙연

낭송Q시리즈 동청룡
낭송 열자

1부
우주의 원리와 삶의 길〔道〕

1-1.
'도'(道), 만물을 생성하고
변화시키는 근본

열자는 사십 년 동안 정鄭나라 포圃 땅에 살았는데 아무도 알아주는 사람이 없었고, 임금이나 경대부들도 그를 일반 백성처럼 여겼다. 나라에 흉년이 들자 열자는 집을 떠나 위나라로 가려 했다. 그러자 제자들이 말했다.

"선생님께서 떠나가시면 돌아오실 기약이 없습니다. 여쭙건대, 선생님께선 저희들에게 무엇을 가르쳐 주려 하십니까? 선생님께서는 호구자림壺丘子林: 열자가 스승으로 모셨던 정나라의 득도한 어진 인물의 말씀을 듣지 못하셨나요?"

열자가 웃으면서 대답했다.

"호자께서 무슨 말씀을 하셨겠는가? 그렇지만 선생님께서 전에 백혼무인伯昏瞀人에게 말씀하시는 것을 내가 곁에서 들은 적이 있으니 자네들에게 말해 보겠네.
≪생성하는 것과 생성하지 않는 것이 있고, 변화하는
것과 변화하지 않는 것이 있다. 생성하지 않는 것은
생성하는 것을 가능하게 해주며, 변화하지 않는 것은
변화하는 것을 가능하게 해준다. 생성하는 것은 생성
하지 않을 수 없으며, 변화하는 것은 변화하지 않을
수 없다. 그러므로 생성도 항상적이고 변화도 항상
적이다. 생성과 변화가 항상적이라는 것은, 생장하지
않는 때가 없고 변화하지 않는 때가 없다는 뜻이다.
음양도 그러하고, 사계절도 그러하다. 생성하지 않는
것을 '응독'疑獨이라 하고, 변화하지 않는 것을 '왕복'
往復이라 한다. 갔다가 다시 돌아옴에 끝이 있을 수 없
고, 응독의 '도'는 다함이 있을 수 없다.≫
『황제서』黃帝書에 이르기를, ≪'곡신'谷神: 헤아릴 수 없이 오
묘한 도은 사라지지 않는데 이를 '현빈'玄牝: 미묘하고 심오한
도의 작용이라 하며 '현빈'의 문을 '천근'天根이라 한다.
이는 끊임없이 존재하는 듯하고, 작용해도 지치지 않
는다≫라고 했지. 만물을 생성하게 하는 것은 생성하
지 않고, 만물을 변화하게 하는 것은 변화하지 않는
다네. 저절로 생성하고 변화하고 형체를 이루고 빛깔
을 지니며, 저절로 지혜가 있게 되고 힘을 갖게 되고
사라지고 멈추게 되지. 이런 걸 가지고 생겨나고 변

한다고 말하거나, 형체와 빛깔이 있다고 하거나, 지
혜롭고 힘이 있다 하거나, 사라지고 멈춘다고 말하는
것은 잘못이네."

열자가 이어 말했다.

"옛날 성인들은 음과 양을 근거로 천지를 다스렸다
네. 형체를 지닌 모든 것은 형체가 없는 것에서 생겨
나는데, 그렇다면 천지는 어디에서 생겨난 것일까?
태역太易이 있고, 태초太初가 있고, 태시太始가 있고, 태
소太素가 있기 때문이라고 할 수 있지.

'태역'은 아직 기운이 나타나지 않은 것이고, '태초'
는 기운이 나타나기 시작한 것이며, '태시'는 형체가
나타나기 시작한 것이고, '태소'는 특징이 갖추어지
기 시작한 것이라네. 기운과 형체와 특징이 갖추어졌
으나 아직 서로 분리되지 않았기 때문에 이를 '혼륜'
渾淪이라고 한다네. '혼륜'은 만물이 서로 뒤엉켜 아직
분리되지 않은 상태를 말하지. 그것은 보려 해도 보
이지 않고, 들으려 해도 들리지 않으며, 잡으려 해도
잡히지 않는다네. 그러므로 역易이라 하네.

'역'은 형체와 경계가 없다네. '역'이 변하여 일一이
되고, '일'이 변하여 칠七이 되며, '칠'이 변하여 구九가
되네. 아홉 번 변하면 궁극에 이르러 다시 '일'이 되
지. '일'은 형체 변화의 시작이라네. 맑고 가벼운 것은

위로 올라가 하늘이 되고, 탁하고 무거운 것은 아래로 내려와 땅이 되고 그 사이에서 조화를 이룬 기氣는 사람이 되지. 그러므로 천지는 정기精氣를 품고 있고, 만물은 변화하고 생성한다네."

1-2.
세계 바깥에는 무엇이 있을까

은殷나라 탕湯임금이 하극夏革에게 물었다.

"태초에 사물이 있었을까요?"

"태초에 사물이 없었다면 지금 어떻게 사물이 있겠습니까? 후세 사람들이 지금 우리에게 사물이 없었다고 하면 말이 되겠습니까?"

"그렇다면 사물의 선후가 없다는 말씀입니까?"

"사물의 시작과 끝은 처음부터 그침이 없었던 것입니다. 시작이 끝이 되기도 하고 끝이 시작이 되기도 하니, 어찌 그 원리를 알 수 있겠습니까? 그러니 한 사물 바깥이라든가 어떤 일의 최초에 대해서는 저도 알지 못합니다."

"그렇다면 상하와 팔방에는 끝이 있습니까?"

"알지 못하겠습니다."

탕임금이 재차 묻자 하극이 대답했다.

"무無라면 끝이 없을 것이고, 유有라면 다함이 있을 것입니다. 제가 어찌 그것을 알겠습니까? 그렇지만 무극無極의 바깥에 다시 무극이 없고, 무진無盡의 가운데도 다시 무진이 없으며, 무극은 또 무극이 없고 무진은 또 무진이 없습니다. 저는 이로써 끝도 없고 다함도 없음을 알 뿐, 끝이 있는지 다함이 있는지는 알지 못하겠습니다."

탕임금이 또 물었다.

"사해 밖에는 무엇이 있습니까?"

"우리가 살고 있는 이곳과 같겠지요."

"그대는 어떻게 그것을 압니까?"

"저는 동쪽으로 영주까지 가 보았는데 그곳 사람들은 여기와 같았습니다. 영주의 동쪽을 물었더니 다시 또 영주와 같다는 것입니다. 또 서쪽으로는 빈豳 땅까지 가 보았는데 그곳 사람들도 역시 여기와 같았습니다. 빈 땅의 서쪽을 물었더니 역시 빈 땅과 같다는 것입니다. 저는 이것으로써 사해와 그 바깥의 사황四荒, 또 그 바깥의 사극四極이 여기와 다르지 않음을 압니다. 큰 것과 작은 것은 서로를 품고 있으므로 끝이 없는 것입니다. 만물을 머금고 있는 것은 천지를 품은 것과 같습니다. 만물을 머금고 있기에 다함이 없고,

천지를 머금고 있기에 끝이 없다 하거늘, 제가 또한 천지 밖에 더 큰 천지가 없을 것이라고 어찌 알겠습니까? 이 또한 저는 알 수 없는 것입니다.

천지 또한 역시 사물입니다. 사물에는 부족한 것이 있으므로 옛날 여와씨는 다섯 색깔의 돌로 이가 빠진 곳을 채워 넣고, 큰 거북의 다리를 잘라 네 귀퉁이에 세워 놓았습니다. 그 뒤에 공공씨와 전욱이 임금 자리를 놓고 다투다가 화가 나서 그만 부주산不周山을 들이받고, 하늘을 받치는 기둥을 부러뜨렸으며 땅의 끈을 끊었습니다. 그래서 하늘은 서북쪽으로 기울어져 해와 달과 별이 그쪽으로 쏠렸고, 땅은 동남쪽이 채워지지 않았으므로 모든 물이 그쪽으로 모여든 것입니다."

1-3.
무위(無爲), 모든 작용의 근본

열자가 말했다.

"천지는 완벽하게 해놓은 일이 없고, 성인은 전능한 능력이 없고, 만물은 완전한 쓰임이 없다. 그러므로 하늘은 만물을 생겨나게 하고 덮어 보호해 주는 일을 하며, 땅은 만물이 형체를 지니게 하고 존속시키는 일을 한다. 또 성인은 사람들을 가르쳐 올바로 이끌어 주는 일을 하고, 만물은 본성에 따라 알맞게 쓰여야 한다.

하늘에도 부족한 것이 있고, 땅에도 뛰어난 것이 있으며, 성인에게도 뜻대로 되지 않는 것이 있고, 만물에도 잘 통하는 것이 있다. 왜 그런가? 만물을 생겨나게 하고 덮어 보호해 주는 것은 형체를 지니게 하거나 존속하게 해주는 자의 일을 할 수 없고, 형체를 지

니게 하고 존속시키는 일을 하는 자는 사람들을 가르
쳐 올바로 이끌어 주는 일을 할 수 없으며, 사람들을
가르쳐 올바로 이끌어 주는 자는 본성에 따라 알맞게
쓰일 수 없고, 본성에 따라 알맞게 쓰이도록 정해진
것은 각각의 자리에서 벗어날 수 없기 때문이다.

천지의 도는 음 아니면 양이고, 성인의 가르침은 인仁
아니면 의義요, 만물의 본성은 부드러움 아니면 강함
이다. 모두 각자의 본성을 따르기에 그 자리에서 벗
어날 수 없는 것이다. 같은 이치로, 생겨나는 것이 있
고 생겨나게 하는 것이 있으며, 형체가 있고 형체를
지니게 하는 것이 있다. 소리가 있으면 소리를 나게
하는 것이 있고, 색이 있으면 색이 되도록 하는 게 있
다. 또 맛이 있으면 맛이 나게 하는 게 있다.

생겨난 것은 죽게 마련이지만, 생겨나게 한 것은 죽
지 않는다. 형체를 지닌 것은 모양대로 존재하지만,
형체를 지니게 한 것은 모양이 없다. 소리는 귀에 들
리지만, 소리를 나게 하는 것은 귀에 들리지 않는다.
색은 눈에 띄지만 색이 되게 한 것은 눈에 보이지 않
는다. 여러 가지 맛은 맛볼 수 있지만, 맛이 나게 하는
것은 맛볼 수 없다. 이것을 일러, 일부러 하는 일이 없
는 무위無爲의 일이라고 한다.

무위는 음이 되게 할 수도 있고 양이 되게 할 수도 있

다. 부드럽게 할 수도, 억세게 할 수도 있다. 짧게 할 수도, 길게 할 수도 있다. 둥글게 할 수도, 모나게 할 수도 있다. 또 살게 할 수도, 죽게 할 수도 있다. 덥게 할 수도, 서늘하게 할 수도 있다. 떠오르게 할 수도, 가라앉게 할 수도 있다. 궁조宮調의 소리가 나게 할 수도 있고 상조商調의 소리가 나게 할 수도 있다. 나오게 할 수도, 들어가게 할 수도 있다. 검게 할 수도, 누렇게 할 수도 있다. 달게 할 수도, 쓰게 할 수도, 또 누린내가 나게 할 수도, 향기가 나게 할 수도 있다. 아는 것도 없고 능력도 없지만, 알지 못하는 것도 없고 할 수 없는 것도 없다."

1-4.
기우(杞憂),
닥치지도 않은 일에 대한 걱정

기(杞)나라에 사는 어떤 자가 하늘이 무너지고 땅이 꺼져서 몸 둘 곳이 없게 됨을 걱정하느라 잠도 못 자고 밥도 제대로 먹지 못했다. 그러자 그가 걱정하는 것을 걱정한 또 다른 자가 그를 찾아가 깨우쳐 주려고 말했다.

"하늘은 기운이 쌓인 것일 뿐이라 기운이 없는 곳이란 없다네. 자네는 몸을 움직이고 호흡을 하면서 종일토록 천지 사이에서 행동하는데, 어째서 무너지고 꺼지는 것을 근심하는가?

"정말 기운이 쌓인 것이 하늘이라면 해와 달과 별들은 마땅히 떨어져야 할 게 아닌가?"

"해와 달과 별은 기가 쌓인 것들 중에 빛을 가지고 있는 것들이라네. 그것이 떨어진다 하더라도 맞아서 다치는 일은 없을 것이네."

"그렇다면, 땅이 무너지면 어찌하는가?"

"땅이란 흙이 쌓인 것일세. 사방의 빈 곳을 가득 채워 흙이 없는 곳이 없다네. 자네가 걷고 밟고 뛰면서 종일토록 땅 위에서 움직이는데, 어찌하여 땅이 무너질 것을 근심하는가?"

그러자 기나라 사람은 속이 시원한 듯 기뻐했고, 그를 깨우치려던 사람도 매우 기뻐했다.

장려자長廬子가 그 이야기를 듣고 웃으면서 말했다.

"무지개며 구름이며 안개며, 비와 바람과 사계절 같은 것은 기운이 쌓여 하늘에서 이루어진 것들이다. 또 산악과 산봉우리, 강, 바다, 광물, 돌, 불, 나무 등과 같은 것은 형체가 쌓여 땅에 이루어진 것들이다. 기운이 쌓인 것임을 알고 흙덩이가 쌓인 것임을 안다면 어찌 그것이 무너지지 않는다고 하겠는가?

천지란 우주 가운데 있는 미세한 물질이지만 존재하는 것 가운데는 가장 거대한 것이므로 본래 끝나기도 어렵고 다하기도 어려운 것이며, 헤아리기도 어렵고 알기도 어려운 것이다. 그것이 무너질까 걱정하는 사람은 진실로 너무 멀리 생각하는 것이요, 그것이 무너지지 않는다고 말하는 사람 역시 옳지 않다. 하늘과 땅은 무너지지 않을 수가 없는 것이니 언젠가는 무너지게 되어 있다. 무너질 때를 당하면 어찌 걱정하지 않겠는가?"

열자가 이를 듣고는 웃으면서 말했다.

"천지가 무너질 것이라고 말하는 사람도 잘못이지만, 천지가 무너지지 않을 것이라고 말하는 사람도 역시 잘못이다. 무너질지 무너지지 않을지는 우리로서는 알 수 없다. 하지만 이러나 저러나 마찬가지다. 그러므로 살아서는 죽음을 알지 못하고 죽어서는 삶을 알지 못하며, 올 때는 가는 것을 알지 못하고 갈 때는 오는 것을 알지 못하는 법. 무너지고 안 무너지는 것을 무엇 때문에 상관하겠는가?"

1-5.
끝의 시작, 소멸의 생성

(1)

『황제서』에 이런 말이 있다.

"형체는 움직여 형체를 낳지 않고 그림자를 낳는다. 소리는 움직여 소리를 낳지 않고 울림을 낳는다. 무는 움직여 무를 낳지 않고 유를 낳는다. 형체는 반드시 끝이 있다. 천지도 끝이 있는가? 나와 마찬가지로 모두 끝이 있다. 그렇다면 그 끝의 다음은 있는가? 모르겠다. 도는 끝이 있는가? 본래 시작도 없었다. 도는 나아감이 있는가? 본래 머묾도 없었다.

태어난 것은 태어남이 없는 것으로 되돌아가고, 형체가 있는 것은 형체가 없는 것으로 되돌아간다. 태어남이 없다는 것은 본래부터 태어남이 없다는 게 아니고, 형체가 없다는 것도 본래 형체가 없다는 게 아니다. 삶의 이치로 보면 반드시 끝이 있다. 끝이라는 것은 끝나지 않을 수 없으니, 태어나서 살아가지 않을 수 없는 것과 마찬가지다. 그런데도 자신의 삶을 영원히 하려 하고 끝을 없애려 하는 것은 운명을 모르기 때문이다.

정신은 하늘의 일부요, 육체는 땅의 일부다. 하늘에 속하는 것은 맑고 흩어져 있으며, 땅에 속하는 것은 탁하고 뭉쳐 있다. 정신은 형체를 떠나서 각각 그 참됨으로 돌아가게 된다. 그러므로 그것을 '귀'鬼라 부르는데 '귀'는 돌아간다는 뜻이니, 그것의 진정한 집으로 돌아감을 뜻한다."

황제께서 말씀하셨다.

"정신은 그의 문으로 들어가고 육체는 그의 뿌리로 되돌아간다. 그러니 나는 어디에 존재하는가?"

(2)

육웅鬻熊이 말했다.

"사계절의 변화는 그침이 없고 천지도 조용히 움직이는데 누가 그것을 알겠는가? 만물은 한쪽에서 줄어들면 다른 쪽에서 차오르기 마련이고, 한쪽에서 이루어지면 다른 쪽에서는 무너지는 법이다. 줄어들고 차오르고 이루어지고 무너지며, 태어나기도 하고 죽기도 하며 왔다 갔다 연이어져 그 틈을 살필 겨를도 없으니, 누가 그것을 깨닫겠는가?

무릇 하나의 기운은 갑자기 생겨나는 것이 아니고, 하나의 형체는 갑자기 무너지는 것이 아니다. 그러하니 그것이 이루어지는 것도 알지 못하지만 그것이 무너지는 것도 알지 못한다. 그것은 사람이 나서부터 늙을 때까지 용모와 얼굴과 지혜와 행동이 하루도 달라지지 않은 날이 없는 것과 같다. 피부와 손톱과 머리카락은 나는 대로 빠져 어릴 때부터 변하지 않은 때가 없다. 순식간이라 알 수 없을 뿐 훗날 시간이 흐른 다음에야 알게 된다."

(3)

눈이 멀려고 하는 사람이 가는 터럭을 남보다 먼저 보고, 귀가 먹으려 하는 사람이 모기 소리를 먼저 들으며, 입맛을 잃으려는 사람은 치수와 승수의 두 강물을 합쳐 놓아도 물맛을 구별할 수 있다. 코가 막히려는 사람이 탄내와 썩은내를 먼저 맡으며, 몸이 지쳐 쓰러지려는 사람이 먼저 빨리 내달리고, 마음이 어지러워지려는 사람이 시비를 먼저 안다. 이처럼 사물은 극에 이르지 않고는 되돌아가지 않는 법이다.

1-6.
천지에 '내 것'은 없다

(1)

순임금이 증烝에게 물었다.

"도道란 것이 구해서 가지고 있을 수 있는 것입니까?

증이 말했다.

"당신의 몸도 당신이 가지고 있는 것이 아니거늘, 당신이 어떻게 도를 구하여 가지고 있겠습니까?"

순임금이 말했다.

"내 몸을 내가 가지고 있는 것이 아니라면 누가 그것을 가지고 있단 말입니까?

증이 말했다.

"그것은 천지가 맡겨 놓은 형체입니다. 생명은 그대가 가지고 있는 게 아니라 천지의 기운이 조화된 것입니다. 타고난 본성도 그대가 가지고 있는 게 아니라 천지가 맡겨 놓은 것으로, 따라야 할 원리인 것입니다. 자손 또한 당신의 소유가 아니라 천지가 맡겨 놓은 변화의 모습들입니다. 그러므로 밖에 나가 다니면서도 갈 곳을 알지 못하고, 들어앉아 있으면서도 지니고 있는 것을 알지 못하고, 음식을 먹으면서도 먹는 이유를 알지 못합니다. 천지는 만물을 지탱하는 강한 양의 기운인데 그것을 어찌 우리가 가질 수 있겠습니까?"

(2)

양주가 말했다.

"사람은 천지의 모습을 닮아 오상五常: 인(仁), 의(義), 예(禮), 지(智), 신(信)의 본성을 품고 있다. 살아 있는 것 중에서 가장 영험한 것이 사람이다. 그러나 사람의 발톱과 이빨은 자신을 방어하기에 충분하지 못하고, 피부는 자기를 보호하기에 충분하지 못하며, 달리는 속도는 고작 이익을 좇고 해로운 것에서 도망칠 정도다. 또 추위나 더위를 막을 털도 없어서 반드시 외물을 근거로 삼아야 삶을 영위할 수 있다. 그러므로 지혜에 의지해야지 힘을 믿어서는 안 된다. 지혜를 귀하게 여기는 것은 그것이 나를 보존하기 때문이며, 힘을 천하게 여기는 것은 외물에 침범당하기 때문이다.

우리 몸은 내가 소유한 것이 아니지만 태어난 이상 온전하게 하지 않을 수 없고, 외물은 내가 소유할 수 있는 것이 아니지만 그것이 있는 이상 없앨 수 없다. 몸은 진실로 삶의 주인이고, 외물도 또한 삶을 영위하게 하는 주인이다. 비록 살아 있는 몸을 온전하게 한다 하더라도 그 몸을 소유할 수는 없으며, 비록 외물을 떠날 수 없다 해도 그것을 소유할 수는 없다. 외물을 소유하고 몸을 소유하는 것은 천하라는 몸을 사사로이 차지하고 천하라는 사물을 사사로이 차지하는 것이다. 이는 오직 성인만이 할 수 있는 게 아니겠는가. 또 천하라는 몸을 공유하고 천하라는 물건을 공유하는 것은 오직 지인至人: 더없이 덕이 높은 사람만이 할 수 있다. 이것을 지극함에 이르렀다고 하는 것이다."

1-7.
꿈에서 본 무위지치(無爲之治)의 세상

황제黃帝는 즉위한 지 십오 년 동안 온 천하 사람들이
자기를 추대함을 기뻐하며 자신의 몸과 마음을 잘 봉
양하고, 귀와 눈을 즐겁게 하고 코와 입에 맞는 음식
을 먹었다. 그러나 피부는 까칠해지고 몸은 까맣게
야위었으며 기쁨, 슬픔, 노여움, 즐거움, 원망 같은 여
러 감정들마저 흐릿해졌다. 다시 십오 년 동안은 천
하를 제대로 다스리지 못할까 걱정하며 자기의 총명
과 지혜를 다하여 백성들을 보살폈는데, 역시나 피부
는 까칠해지고 몸은 까맣게 야위었으며 기쁨, 슬픔,
노여움, 즐거움, 원망 같은 감정들마저 흐릿해졌다.
황제는 이에 크게 한숨을 쉬면서 말했다.
"내 잘못이 크도다. 자기 한몸 봉양하기도 이처럼 힘
들고, 만물을 다스리기도 이처럼 어렵구나!"

그리하여 만사를 다 내려놓고, 궁전을 버리고 시종을 내보내고 음악을 연주하지 못하게 하고 음식도 줄인 다음, 깊은 곳으로 물러나 한가롭게 지내며 마음을 깨끗이 하고 몸을 잘 가꾸면서 석 달 동안 정사를 돌보지 않았다.

그러던 어느 날, 낮잠을 자다가 꿈에 화서씨華胥氏의 나라를 유람하게 되었다. 화서씨의 나라는 엄주弇州의 서쪽이자 태주台州의 북쪽에 있는 곳으로, 중국에서 몇 천만 리나 떨어져 있는지 알 수 없었다. 그곳은 배나 수레를 타고 또는 다리의 힘을 빌려 갈 수 있는 곳이 아니라 오로지 정신으로만 유람할 수 있는 곳이었다.

그 나라는 통치자가 없어도 저절로 다스려지는 곳이었다. 백성들은 욕망이 없이 되는 대로 살아갈 뿐, 삶을 즐길 줄도 모르고 죽음을 싫어할 줄도 몰라서 일찍 죽는 사람이 없었다. 자기를 아낄 줄도 모르지만 외물이라고 소홀히 대할 줄도 몰라서 사랑도 미움도 없었다. 반역할 줄도 모르고 순종할 줄도 몰라 이롭다거나 해롭다고 여길 것도 없었으니, 아껴서 애석하게 여기는 것도, 두려워하고 꺼리는 것도 전혀 없었다. 물에 들어가도 빠져 죽지 않고 불에 들어가도 뜨겁게 여기지 않았으며, 찌르고 매질해도 상하거나 아파하는 일이 없었고, 꼬집고 할퀴어도 쓰라리고 쑤시는 것을 몰랐다. 허공을 날아다니기를 땅을 밟듯 했고, 허공에 누워 자기를 침대 위에 누워 자듯 했다. 구름과 안개도 그들의 시야를 가리지 못했고, 천둥치는 소리도 그들의 청력을 어지럽히지 못했다. 아름다움과 추함도 그들의 마음을 어지럽히지 못했고, 산과 골짜기도 그들의 걸음을 멈추게 하지 못했으니, 오로지 정신으로 내왕할 뿐이었다.

황제는 잠에서 깨어나 스스로 깨닫고 기뻐하며 천로天老와 역목力牧과 태산계太山稽를 불러 말했다.

"나는 석 달 동안 한가롭게 지내면서 마음을 깨끗이 하고 몸을 닦았소. 그리하여 내 자신을 봉양하고 만물을 다스리는 도를 터득하려고 했으나 그 술법은 깨닫지 못하고 있었는데, 피곤하여 잠을 자다가 꿈을 꾼 게 그와 같았소. 이제야 지극한 도는 사람의 뜻으로는 추구할 수 없는 것임을 알았소. 그것을 알았고 그것을 터득했으나, 그것을 그대들에게 설명해 줄 수는 없구려."

황제는 다시 이십팔 년 동안 천하를 잘 다스려 거의 화서씨의 나라처럼 만들었다. 황제께서 돌아가시자 백성들은 이백여 년이 지나도록 끊임없이 황제의 업적을 칭송했다.

1-8.
얻고자 하면 얻을 수 없는 법

(1)

열자가 공부한 지 삼 년이 지나자 마음에서는 시비를
가리지 않고, 입으로는 이로움과 해로움을 말하지 않
게 되었는데, 그제야 스승 노상老商이 열자를 한번 흘
깃 봐주었다.

오 년이 지나자 마음에서 다시 시비를 가리고 입으로
는 다시 이롭고 해로운 것을 말하게 되었는데, 그제
야 스승 노상은 열자를 보고 한번 활짝 웃어 주었다.

칠 년이 지나자 마음이 생각하는 대로 따라도 다시는
시비에 휘말리지 않게 되었고, 입이 말하는 대로 말
해도 다시는 이롭고 해로운 것이 없게 되었다. 그제
야 스승 노상은 그를 데려다가 자리를 나란히 하고
앉혔다.

구 년이 지나서는 마음이 생각하는 대로 내버려 두고, 입이 멋대로 말하게 내버려 두어도 시비와 이해가 있는지조차 알지 못했고, 남에게 시비와 이해가 있는지도 알지 못하게 되었다. 안과 밖의 경계가 사라진 후로는 눈이 귀와 같고, 귀가 코와 같고, 코가 입과 같아 입과 같지 않은 것이 없게 되었다. 마음은 엉기고 형체는 풀어져 뼈와 살이 서로 통하게 되어 몸이 무엇을 의지하고 있는지, 발이 무엇을 밟고 있는지, 마음이 무엇을 생각하는지, 말로 표현하는 것이 무엇인지도 알 수 없었다. 이렇게 되자 이치는 어디 숨겨질 데가 없었다.

(2)

열자가 노상을 스승으로 삼고 백고자를 벗으로 삼아 두 사람의 도를 모두 터득한 후에 바람을 타고 돌아왔다.

윤생이 그 이야기를 듣고 열자를 따라 모시느라 몇 달이 되도록 자기 집은 돌보지 않았다. 틈을 보아 열자의 술법을 배우기를 간청하였으나 열자는 열 번이나 청해도 열 번 다 가르쳐 주지 않았다. 윤생이 열자를 원망하면서 떠나가려 해도 열자는 여전히 아무 말이 없었다. 그러나 물러난 뒤 몇 달이 지났는데도 미

런이 가시지 않자 윤생은 다시 가서 열자를 모셨다. 그를 본 열자가 말했다.

"그대는 어찌하여 그리 왔다갔다 하는가?"

"전에 제가 선생님께 가르침을 청했으나 선생님께서는 제게 아무것도 일러 주시지 않아 정말 유감스럽게 생각했습니다. 지금은 마음이 풀렸기 때문에 다시 찾아온 것입니다."

"전에 나는 그대를 통달한 사람으로 알았는데 지금 보니 참으로 속이 좁은 사람이로군. 거기 앉거나. 내가 스승님께 배울 때의 이야기를 들려주겠네.

내가 스승님을 섬기고 훌륭한 사람을 벗으로 삼은 지 삼 년 후에야 마음은 시비를 가리지 않았고 입은 감히 이로움과 해로움을 말하지 않게 되었다네. 그제야 비로소 선생님께서는 나를 한번 돌아보셨지. 오 년 뒤에는 마음이 다시 시비를 가리고 입으로는 다시 이로움과 해로움을 말하게 되자 선생님께서는 비로소 한번 활짝 웃어 주셨어. 칠 년 뒤에는 마음이 생각하는 대로 따라도 다시는 시비가 없게 되고 입이 말하는 대로 따라도 다시는 이로움과 해로움이 없게 되었는데, 그제야 선생님께서는 비로소 나를 부르셔서 자리를 나란히 하고 앉으셨지. 구 년 뒤에는 마음이 생각하는 대로 따르고 입이 말하는 대로 내버려 두어도 나의 시비와 이해를 알지 못하는 건 물론, 다른 사람의 시비나 이해에 대해서도 전혀 알지 못하게 되었지. 심지어 선생님께서 나의 스승이신지도, 누가 나의 벗인지도 알지 못하게 되었다네. 안과 밖의 구별이 사라져 버린 거지.

그후로는 눈이 귀와 같고 귀가 코와 같고 코는 입과 같아서 같지 않은 것이 없게 되었네. 마음은 엉겨서 뭉쳐지고 몸은 풀려 뼈와 살이 서로 통하여, 몸이 의지하고 있는 것과 발로 밟고 있는 것들을 의식하지 못하니, 바람을 따라 동쪽으로 갔다 서쪽으로 갔다 하는 것이 나뭇잎이나 매미 껍질처럼 가벼워서, 마침내는 바람이 나를 타는 건지 내가 바람을 타는 건지도 알지 못하게 되었다네. 지금 그대는 나의 문하로 들어온 지 얼마 되지도 않았는데 나를 여러 번 원망스럽게 생각했네. 그대의 몸 한조각도 기운이 받아들여 주지 않을 것이며, 그대 몸의 한마디조차 땅이 용납해 주지 않을 것이니, 허공을 밟고 다니며 바람을 타는 일이 가능하겠는가?"

윤생은 너무 부끄러워 한동안 숨을 죽이고 다시는 말을 꺼내지 못했다.

(3)

어떤 사람이 열자에게 말했다.

"선생님은 어찌하여 비움[虛]을 귀하게 여기십니까?"

열자가 말했다.

"비우면 귀하게 여기는 것도 없습니다. 이는 명칭을 두고 하는 말이 아닙니다. 고요함만 한 것이 없고 비움만 한 것이 없습니다. 고요하게 비우며 살아간다면 사는 방법을 터득한 것이고, 뭔가를 주고받는다면 사는 방법을 잃은 것입니다. 일을 다 망친 후에야 인의[仁義]를 내세우는 사람이 있는데, 인의로는 망쳐 버린 일을 돌이킬 수 없습니다."

1-9.
본성을 따르는 자연스러운 삶

(1)

주나라 선왕宣王의 관리 중에 신분이 낮은 양앙梁鴦이란 자가 있었다. 그의 임무는 임금의 새와 짐승을 기르는 것이었는데, 특히 들짐승을 잘 길렀다. 임금의 사냥터 안에 먹이를 뿌려 놓으면 호랑이나 이리, 매와 독수리 같은 종류라 하더라도 유순히 길들여지지 않는 게 없었다. 암꿩과 수꿩들이 눈앞에서 교미하고 새끼를 낳아 무리를 이루었다. 서로 다른 짐승들이 섞여 있어도 서로 싸우거나 물어뜯지 않았다. 임금은 그의 재주가 자기 대에서 끝날 것을 걱정하여 모구원毛丘園에게 가서 재주를 전수받도록 했다. 그에게 양앙이 말했다.

"저는 천한 일꾼입니다. 당신께 이야기해 줄 만한 재

주가 있겠습니까? 다만 임금님께서 내가 당신에게 재주를 숨긴다고 할까 두려우니, 그저 내가 호랑이를 기르는 법에 대해 한 말씀 드리겠습니다.

모든 짐승은 그들의 본성을 따라주면 좋아하고, 그 본성을 거스르면 노기를 띱니다. 이것이 바로 혈기를 지닌 것들의 본성입니다. 그러니 어찌 기쁨이나 성냄을 함부로 드러내게 하겠습니까? 그것은 모두 짐승을 거스르는 짓입니다. 호랑이를 기르는 사람은 살아 있는 것을 호랑이에게 주어서는 안 됩니다. 그것을 죽이려는 살기를 드러내기 때문이지요. 온전한 먹이를 주어서도 안 되니, 그것을 찢어서 조각내려는 폭력성을 드러내기 때문입니다. 호랑이가 배고프고 배부른 때를 알맞게 맞춰 먹이를 주면서 성내는 마음을 풀어 주어야 합니다.

호랑이와 사람은 종류가 다르지만 자기를 좋아해 주고 길러 주는 자를 따르는 건 같습니다. 그것이 상대방을 죽이는 것은 거슬리기 때문이니, 내 어찌 감히 호랑이들을 성나게 만들겠습니까? 그렇다고 호랑이들을 따름으로써 기쁘게 만들지도 않습니다. 기쁜 마음이 제자리로 돌아가면 반드시 성이 나게 되고, 성난 마음이 돌아가면 언제나 기뻐하게 되는데, 모두가 알맞지 않은 것입니다.

지금 내 마음에는 거스름도 따름도 없습니다. 그래서 새나 짐승들이 나를 볼 적에 같은 무리로 여깁니다. 그러므로 사냥터에서 노니는 동물들은 우거진 숲이나 넓은 연못을 생각하지 않고, 이 뜰에서 잠자는 동물들은 깊은 산이나 그윽한 골짜기를 바라지 않습니다. 이치가 그러한 것입니다."

(2)

공자가 여량에서 물구경을 하고 있었다. 그곳 폭포는 높이가 서른 길약 90미터이나 되고 물거품은 삼십 리약 12미터나 뻗쳐 있어 거북이나 악어, 물고기, 자라도 헤엄칠 수 없을 정도였다. 그런데 한 사나이가 그 물속에서 헤엄치고 있는 것을 본 공자는 그가 괴로워 죽으려는 줄 알고 제자들에게 물을 따라 내려가 그를 건져 주도록 했다. 그는 수백 보를 헤엄쳐 내려가더니 물에서 나와 머리를 풀어 헤친 채 노래를 부르며 언덕 위를 거닐었다. 공자가 그를 따라가 물었다.

"여량의 폭포는 높이가 서른 길이고 물거품이 삼십 리에 이를 정도라 거북이나 악어, 물고기나 자라도 헤엄칠 수가 없는 곳입니다. 조금 전에 나는 선생께서 물에 들어가는 것을 보고는 괴로움이 있어 죽으려는 줄 알고 제자들에게 물길을 따라 내려가 건져 주

라고 하였습니다. 그런데 선생은 물에서 나와 머리를
풀어 헤친 채 노래를 부르시더군요. 나는 선생이 귀
신이라고 생각했는데, 가만 보니 사람이네요. 여쭙건
대, 물에 들어가는 데 도가 있습니까?"

"아니오. 없습니다. 저는 타고난 것에 따라 시작하였
는데, 그것이 습성으로 자라나고 명命이 되어 버렸습
니다. 소용돌이와 함께 들어가 용솟음과 더불어 나옵
니다. 물의 도를 따를 뿐 제가 따로 익힌 도는 없습니
다. 이것이 제가 도라고 여기는 바입니다."

"타고난 대로 시작했는데 습성으로 자라고 명이 되
었다는 것이 무슨 말입니까?"

"저는 육지에서 나서 육지에서 편안히 지내는데, 이
것이 타고난 것입니다. 물에서 자라나 물에서 편안히
지내니, 이것이 습성입니다. 그러나 제가 그러면서도
그러는 이유를 알지 못하니, 그것이 명命입니다."

낭송Q시리즈 동청룡
낭송 열자

2부
삶과 죽음을 넘어
운명에 깃들다

2-1.
사는 것도 죽는 것도, 모두가 운명

(1)

사람이란 나서 죽을 때까지 큰 변화를 네 번 겪는다.
갓난아이 때, 젊을 때, 늙을 때, 죽을 때가 그것이다.
갓난아이 때는 기가 한결같고 뜻이 하나가 되어 조화
가 지극하므로 만물이 그를 해치지 못하고 덕이 거
기에 더해질 수도 없다. 청년기에는 혈기가 흘러 넘
쳐 욕망이 가득하고 생각이 일어나서 외물에 이끌리
고 쇠잔해진다. 노년에는 욕망과 생각이 잦아들고 육
체는 스러져 가므로 외물에 마음을 빼앗기지 않는다.
비록 갓난아이처럼 완전하지는 않을지라도 젊은 시
기와 비교하면 여유가 있다. 죽음은 쉬는 곳으로 나
아가 그 극한으로 되돌아가는 것이다.

(2)

살고 싶어 하는 자가 살아 있는 것은 하늘이 내린 복이다. 죽고 싶어 하는 자가 죽는 것도 하늘이 내린 복이다. 반면 살고 싶어 하는데도 살지 못하는 것은 하늘이 내린 벌이고, 죽고 싶어 하는데 죽지 못하는 것도 하늘이 내린 벌이다. 살고 싶기도 하고 죽고 싶기도 한데, 살 수도 있고 죽을 수도 있다. 살아서는 안 되는데 살기도 하고, 죽어서는 안 되는데 죽기도 한다. 그러나 사는 것을 살게 하고 죽는 것을 죽게 하는 것은 외물도 아니고 나도 아니다. 모두가 운명이니, 사람의 지혜로는 어찌할 수 없는 것이다.

속담에 이런 말이 있다. "세상일은 아득하여 끝이 없으나 천도天道는 저절로 순환하고, 세상은 막연하여 구분이 없으나 천도는 저절로 움직인다" 하니, 하늘과 땅도 그것을 범할 수 없고, 성인의 지혜로도 그것에 관여할 수 없으며, 귀신이나 도깨비라도 그 사실을 속일 수가 없다. 자연이라는 것은 묵묵히 이루고, 공평하고 편안히 해주고, 보내기도 맞기도 하는 것이다.

(3)

맹손양孟孫陽이 양주楊朱에게 물었다.

"어떤 사람이 삶을 귀중히 하고 몸을 아껴 죽지 않기

를 바란다면 가능하겠습니까?"

"죽지 않을 이치는 없습니다."

"그렇다면 오래 살기를 바란다면 가능하겠습니까?"

"오래 살 수 있는 방법도 없습니다. 삶이란 귀중히 여
긴다고 해서 보존할 수 있는 것이 아니며, 몸도 아낀
다고 건강하게 할 수 있는 것이 아닙니다. 또 오래 살
아서 무엇하겠습니까? 여러 가지 감정이나 좋고 싫
어하는 것은 예나 지금이나 마찬가지요, 일신의 안위
도 예나 지금이나 마찬가지며, 세상일의 고락도 예나
지금이나 마찬가지고, 변하고 다스려지고 어지러워
지는 것도 예나 지금이나 마찬가지입니다. 이미 그런
것을 들었고 그런 것을 보았으며 그런 것을 경험했으
니, 백 년도 오히려 길어서 싫증이 나거늘 하물며 오
래 사는 괴로움을 바라다니요?"

맹손양이 말했다.

"그렇다면 빨리 죽는 것이 오래 사는 것보다 낫겠군
요. 창끝이나 칼날을 밟거나 끓는 물이나 불 속으로
뛰어들면 뜻대로 죽을 수 있지 않겠습니까."

양주가 말했다.

"그렇지 않습니다. 이왕 태어났다면 그대로 버려 둔
채 맡겨 두고, 자기가 바라는 일을 추구하면서 죽음
을 기다릴 뿐입니다. 또 죽으려 할 때도 그대로 맡겨

두고 삶이 다할 때까지 내버려 두어야 합니다. 내버려 두지 않은 게 없고 맡겨 두지 않은 게 없는데, 어찌 그토록 느리고 빠른 것에 마음을 쓰겠습니까?"

(4)

삶은 귀중히 여긴다고 해서 보존되는 게 아니요, 몸은 아낀다고 해서 건강할 수 있는 게 아니다. 또한 삶을 천히 여긴다고 해서 일찍 죽는 것도 아니요, 몸을 가벼이 여긴다고 해서 약해지는 것도 아니다. 그러므로 삶을 귀중히 여겨도 살지 못할 수 있고, 천하게 여겨도 죽지 않을 수 있다. 또 몸을 아껴도 건강해지지 않으며, 가벼이 여겨도 약해지지 않는다. 이는 순리에 어긋나는 것 같지만 그렇지 않다. 저절로 살아가고 저절로 죽으며, 저절로 건강해지고 저절로 약해지는 것이다. 간혹, 삶을 귀중히 여겨 살기도 하고, 천하게 여겨 죽기도 하며, 몸을 아껴 건강해지기도 하고, 가벼이 여겨 약해지기도 한다. 이것은 순리에 맞는 듯하지만 그렇지 않다. 이 또한 저절로 살고 저절로 죽으며, 저절로 건강해지고 저절로 약해지는 것뿐이다.

2-2.
죽음과 삶, 한 번 가고 한 번 오는 것

임류林類의 나이는 거의 백 살에 가까운데, 봄에도 겨울 가죽옷을 입고 묵은 밭에서 떨어진 이삭을 주우며 노래를 부르고 다녔다. 공자가 위나라로 가다가 들에서 그를 발견하고는 제자들을 돌아보며 말했다.

"저 노인은 함께 이야기할 만한 분이니 가서 말을 건네 보아라."

자공이 자청해 가서 둔덕에서 그를 맞아 안타까워하며 말했다.

"선생께서는 후회하지 않으십니까? 그렇게 노래하며 이삭만 줍고 계시니 말입니다."

임류는 가던 길을 멈추지도, 노래를 그치지도 않았다. 자공이 계속해서 묻자 그는 허리를 젖히면서 대답했다.

"내가 무엇을 후회한단 말이오?"

자공이 말했다.

"선생께서는 젊어서는 힘써 노력하지 않으셨고, 장년이 되어서는 시속時俗과 경쟁하지도 않으셨으며, 늙어서는 처자도 없습니다. 죽을 때가 가까워졌는데 무슨 즐거움이 있어서 이삭을 주우며 노래를 부르십니까?"

임류가 웃으며 말했다.

"내가 즐겁다고 생각하는 것은 남들도 모두 가지고 있지만, 그들은 도리어 그것을 근심으로 여기지요. 젊어서는 힘써 노력하지 않고 장년이 되어서는 시속과 경쟁하지 않았기 때문에 이처럼 오래 살 수 있는 게요. 또, 늙어서 처자도 없고 죽을 때가 가까워졌기 때문에 이처럼 즐거운 것이오."

자공이 말했다.

"오래 살려는 것은 사람이면 누구나 가지는 마음이요, 죽음이란 사람들이 싫어하는 일입니다. 그런데 선생께서는 죽음을 즐거움으로 여기고 계시니 무슨 까닭입니까?"

임류가 말했다.

"죽음과 삶은 한 번 갔다가 한 번 되돌아오는 것이오. 그렇다면 여기에서 죽는 자가 저쪽에서 나지 않으리라고 어찌 알겠소? 나는 죽음과 삶이 서로 같지 않음을 잘 알고 있소. 나라고 아등바등하며 사는 게 미혹이 아님을 어찌 알겠소? 또 지금 죽는 것이 옛날의 태어남보다 더 낫지 않음을 어찌 알겠소?"

자공은 듣고도 그 뜻을 깨닫지 못한 채 돌아와서 그 말을 공자에게 전했다. 공자가 말했다.

"나는 그가 함께 이야기할 만한 사람이라 생각했는데, 과연 그렇구나! 그러나 나름대로 터득한 것은 있지만 충분하지는 못하구나."

2-3.
영원하지 않기에 나도 있는 것

제齊나라 경공景公이 우산牛山에 놀러 갔다가 북쪽으로 자기 땅의 성을 바라보곤 눈물을 흘리며 말했다.

"아름답구나, 나의 나라여! 초목은 울창하고 무성하구나. 내 어찌 이 나라를 떠나 죽어야만 하는가? 예로부터 죽음이 없었다면 좋았을 것을. 내가 여기를 떠나 어디로 간단 말인가?"

신하인 사공史孔과 양구거梁丘據도 모두 따라 울면서 말했다.

"저희들은 임금님 덕분에 소박한 음식과 시원찮은 고기라도 얻어 먹을 수 있고, 아둔한 말과 작은 수레라도 타고 다닐 수 있습니다. 그런데도 죽고 싶지 않거늘 임금께서는 오죽하시겠습니까?"

그러나 안자晏子만은 홀로 옆에서 미소짓고 있었다.

경공은 눈물을 닦고 안자를 돌아보며 말했다.

"과인은 오늘 유람하면서 슬픔을 느꼈고, 사공과 양구거도 모두 과인을 따라 우는데, 어찌 그대는 홀로 웃는 것인가?"

안자가 대답했다.

"현명한 자들이 영원토록 이 나라를 지키도록 했다면 예전의 태공이나 환공이 아직도 이 나라를 지키고 있을 것입니다. 또 용기 있는 자들이 영원히 이 나라를 지키도록 했더라면 예전의 장공과 영공이 지금도 이 나라를 지키고 있을 것입니다. 이런 몇몇 임금들이 이 나라를 지킨다면 지금 임금님께서는 도롱이 입고 삿갓을 쓰고 밭이랑에서 일하느라 고달플 테니 죽음을 염려할 겨를이 있겠습니까? 그렇다면 임금님께서 어찌 이 임금 자리에 계실 수 있겠습니까? 그러나 번갈아 임금 자리에 오르고 번갈아 임금 자리를 떠나게 되어 있기 때문에 임금님 차례가 된 것입니다. 그런데도 그 때문에 눈물을 흘리시니, 이는 어질지 못한 것입니다. 어질지 못한 임금님을 보고 아첨하는 신하들이 있으니 그 두 사람 때문에 혼자 웃은 것입니다."

경공은 이에 부끄러워하며 술잔을 들어 벌주로 삼고, 두 신하들에게도 각각 벌주를 내렸다.

2-4.
운명을 알면 기쁨과 슬픔도 한순간

(1)

위魏나라 사람 중에 동문오東門吳란 자가 있었는데, 자식이 죽었는데도 슬퍼하지 않았다. 그러자 하인이 물었다.

"공께서는 천하에 둘도 없이 자식을 사랑하셨습니다. 그런데 지금 자식이 죽었는데도 슬퍼하지 않으시니 어찌된 일입니까?"

동문오가 말했다.

"나는 처음에 자식이 없었네. 자식이 없을 때는 근심도 없었지. 지금 자식이 죽었으니 이는 전에 자식이 없을 때와 같지 않은가? 그러니 내가 어찌 슬퍼하겠는가?"

농사는 때에 맞춰야 하고, 장사는 이익을 좇아야 하

며, 공업은 기술을 따라야 하고, 벼슬살이는 시세를 따라야 하는데, 이는 모두 형세가 그렇게 만드는 것이다. 그런데 농사에는 홍수와 가뭄이 있고, 장사에는 이익과 손해가 있으며, 공업에는 성공과 실패가 있고, 벼슬살이는 능력을 인정받을 수도, 못 받을 수도 있다. 이 역시 운명이 그렇게 만드는 것이다.

(2)

운명을 믿는 사람은 남과 자기 사이에 두 마음이 없다. 남과 자기에게 두 마음을 가지고 있는 사람은 눈을 가리고 귀를 막고 사느니만 못하다. 절벽을 등지고 구덩이를 앞에 두고도 떨어지거나 넘어지는 것은 아니다. 그러므로 속담에 "죽고 사는 것은 자신의 운명이요, 가난하고 궁한 것은 자기의 시운時運이다"라고 했다. 일찍 죽는 것을 원망하는 것은 운명을 알지 못하는 것이고, 빈궁함을 원망하는 것은 시운을 알지 못하는 것이다. 죽음을 당해도 두려워하지 않고, 빈궁함에 처해도 괴로워하지 않는 것은, 운명을 알고 시운에 안주하는 것이다.

지혜가 많은 사람으로 하여금 이해를 헤아리고 허와 실을 따지며 인정을 계산하게 한다 해도, 얻는 것은 그 반이요, 잃는 것도 그 반이다. 또한 지혜가 적은 사람으로 하여금 이해를 헤아리지 않고 허와 실을 따지지 않고 인정을 계산하지 않도록 한다 해도, 역시 얻는 것은 반이요, 잃는 것도 반이다. 그렇다면 헤아리고 헤아리지 않는 것, 따지고 따지지 않는 것, 계산하고 계산하지 않는 것이 무슨 차이가 있는가? 오직 헤아리는 것도 없고 헤아리지 않는 것도 없어야 완전하여 잃는 것이 없게 된다. 그러나 완전함도 알 수 있는 게 아니고, 잃는 것도 알 수 있는 게 아니다. 저절로 완전해지며 저절로 없어지며 저절로 사라지는 것이기 때문이다.

2-5.
최고의 의사, 운명이라는 약을 건네다

양주楊朱의 친구 중에 계량季梁이란 사람에게 병이 났는데 이레 만에 더 심해졌다. 그의 자식들이 그를 둘러싸고 울다가 의사를 부르려 하자 계량이 양주에게 말했다.

"못난 내 자식들이 이렇다네. 자네는 어찌 나를 위해 노래를 불러 저 아이들을 깨우쳐 주지 않는가?"

양주가 노래를 불렀다.

"하늘도 그것을 알지 못하거늘, 사람이 어찌 알 수 있으랴?

행복은 하늘에서 내려오는 게 아니며, 불행도 사람이 만드는 것이 아니라네.

나나 그대들이나 그것을 알지 못하는가?

의사나 무당이 그것을 알겠는가?"

그러나 계량의 자식들이 그 뜻을 깨닫지 못하고 결국
의사 셋을 불러왔다. 첫번째는 교씨嬌氏였고, 두번째
는 유씨兪氏였고, 세번째는 노씨盧氏였다. 계량의 병을
진찰한 후 교씨가 계량에게 말했다.

"당신은 추위와 더위가 절도에 맞지 않고 허한 기운
과 실한 기운이 정도를 잃었습니다. 병은 굶주림과
배부름, 성욕과 생각의 번다함 때문에 생깁니다. 하
늘 탓도 아니고 귀신 탓도 아니니 병이 심하지만 고
칠 수는 있습니다."

계량이 말했다.

"보통의 의사로군. 속히 내보내라!"

두번째로, 유씨가 말했다.

"당신은 처음 잉태될 때부터 기운이 모자랐는데 어
머니 젖은 남아 돌았습니다. 당신의 병은 하루 아침
에 생긴 게 아니라 생긴 지 오래 되었습니다. 고칠 수
가 없습니다."

계량이 말했다.

"훌륭한 의사로군. 모셔다 식사를 대접하라!"

마지막으로 노씨가 말했다.

"당신의 병은 하늘에서 내린 것도 아니고, 사람이 만

들어 낸 것도 아니며, 귀신 때문에 생긴 것도 아닙니다. 잉태되어 몸의 형체가 생겼을 때부터 이미 그것을 통제하는 이가 있었고, 또한 그것을 아는 이가 있었습니다. 그러니 당신의 병은 약이나 침으로 고칠 수 있는 게 아닙니다."

계량이 말했다.

"귀신 같은 의사로다. 후하게 사례를 한 다음 돌려보내거라."

얼마 후 계량의 병은 저절로 나았다.

2-6.
참된 즐김과 앎이란
즐김도 없고 앎도 없는 것

공자가 한가로이 있을 적에 자공子貢이 들어가 보았더니 공자의 얼굴에 근심이 가득했다. 자공은 감히 물어보지도 못하고 나와서는 그 사실을 안회顔回에게 말했다. 그러자 안회가 거문고를 타면서 노래했다. 공자가 이를 듣고서 안회를 불러 물었다.

"너는 어찌 홀로 즐거우냐?"

"선생님께선 어찌하여 홀로 근심하십니까?"

"너부터 말해 보거라."

"제가 전에 선생님께 듣기로는, 천성을 즐기고 운명을 알면 근심하지 않는다고 하셨습니다. 그래서 즐거운 것입니다."

공자는 쓸쓸한 표정으로 잠깐 있다가 다시 말했다.

"내가 그렇게 말했더냐? 너의 생각은 잘못되었다. 그

것은 내가 예전에 한 말이다. 지금 그 말을 바로잡아 주마. 너는 천성을 즐기고 운명을 알면 근심이 없다는 것만 알았지, 그것이 근심 중에서도 가장 큰 것임을 알지 못하는구나. 이제 너에게 그 사실을 말해 주마. 일신을 닦아 출세하든 못하든, 오고 가는 것이 내가 아님을 알고 마음의 변화와 혼란을 없애는 것이 바로 '천성을 즐기고 운명을 알면 근심이 없다'는 말이다. 전에 나는 『시경』과 『서경』을 공부하고 예악을 바로 잡아 천하를 다스려 후세에 남기고자 했다. 단지 일신을 닦고 노나라만을 다스리려는 것이 아니었지. 그런데 노나라의 임금과 신하들은 날로 그 질서를 잃어 버렸고, 인과 의는 더욱 쇠해졌으며, 정성情性은 더욱 각박해졌다. 이처럼 도가 한 나라와 시대에도 행해지지 못하니 천하와 다음 시대에는 어찌 되겠느냐? 나는 비로소 『시경』과 『서경』과 예악이 세상을 다스리는 데 도움이 되지 않음을 알게 되었다. 그러나 그것을 혁신하는 방법을 찾지 못했으니 이것이, 천성을 즐기고 운명을 아는 자가 근심하는 것이다.

그렇지만 내가 터득한 바는 있다. 즐거움과 앎이라는 것은 옛사람들이 말한 즐김과 앎이 아니야. 즐김도 없고 앎도 없는 것이야말로 참된 즐김이고 앎인 것이지. 그러므로 즐거워하지 못할 것도 없고, 알지 못할

것도 없으며, 근심하지 못할 것도 없고, 하지 못할 것
도 없다. 그렇다면 『시경』과 『서경』, 예악을 어찌 버
리겠으며, 또 그것을 어찌 바꾸겠느냐?"

안회는 공자에게 두 손 모아 큰 절을 하면서 말했다.

"저도 역시 그 뜻을 터득했습니다."

안회가 나와서 자공에게 말하자, 그는 망연자실하여
집으로 돌아와 일주일 동안이나 깊이 생각하면서 자
지도 먹지도 않아 뼈만 앙상할 정도였다. 안회가 다
시 가서 그를 깨우쳐 주자 그제야 공자의 문하로 되
돌아왔다. 그러고는 악기를 연주하며 노래하고 글을
암송하는 일을 죽을 때까지 그만두지 않았다.

2-7.
너는 너의 운명, 나는 나의 운명

북궁자北宮子가 서문자西門子에게 말했다.

"나는 당신과 똑같은 세상을 살고 있는데도 사람들은 그대의 말을 통달한 이라 여기고, 같은 집안 사람인데도 사람들은 그대만을 공경합니다. 외모도 비슷하지만 사람들은 그대만 좋아하고, 같은 말을 하는데도 그대의 말만 따릅니다. 같은 행동을 해도 사람들은 그대만을 진실하다고 여기고, 같은 벼슬을 해도 사람들은 그대만을 귀하다 여깁니다. 똑같이 농사를 지어도 사람들은 그대만을 부유하다 여기며, 똑같이 장사를 해도 사람들은 그대가 이익을 많이 올린다고 여깁니다.

나는 거칠고 짧은 옷을 입고, 변변찮은 음식을 먹고, 허름한 초가집에 살면서 수레도 없이 걸어 다니지만 당신은 무늬 있는 비단 옷을 입고, 쌀밥에 고기반찬을 먹고, 대궐 같은 집에 살면서, 네 마리 말이 끄는 수레를 타고 다닙니다. 또 집 안에 있을 때는 즐거이 웃고 지내느라 나의 마음은 아랑곳하지 않으며, 조정에서는 오만한 빛을 띠며 저에게 함부로 대합니다. 우리는 서로 초청하거나 찾아다니지 않고 함께 놀러 다니지도 않은 지 여러 해가 되었습니다. 당신은, 당신의 덕이 나보다 뛰어나다고 생각하시는지요?"

서문자가 대답했다.

"나는 알지 못하겠소. 그대는 일을 하지만 궁해지고, 나는 할 일이 뜻대로 이루어지니, 이것은 사람의 덕이 두텁고 엷음에 따른 결과가 아닐까요? 그런데 당신은 모든 것이 나와 같다고 하니 너무 뻔뻔합니다."

북궁자는 대꾸도 못하고 실망하여 돌아오는 길에 동곽 선생을 만났다. 동곽 선생이 말했다.

"당신은 어디를 갔다 오는 길인데 그리도 풀이 죽어 부끄러워하는 기색이 역력하오?"

북궁자가 좀 전에 겪은 일을 얘기해 주자 동곽 선생이 말했다.

"내 당신의 부끄러움을 없애 주리다. 나와 함께 다시 서문자에게 가봅시다."

서문자에게 가서는 이렇게 물었다.

"당신은 어째서 북궁자에게 그토록 심한 모욕을 가했소? 사실을 한번 말해 보시오!"

서문자가 말했다.

"북궁자는 살아가는 세상과 집안, 나이와 외모와 말과 행동이 모두 나와 같은데 귀천과 빈부는 나와 다르다고 말합니다. 하여 나는 그에게 그 이유를 모르겠다고 말하고는, 그는 하는 일마다 궁해지고 나는 하는 일마다 뜻대로 잘된 것이 덕의 두텁고 엷음에 따른 결과인지도 모른다고 말했지요. 그러면서 자기가 뭐든 나와 같다고 하는 것이 뻔뻔하다고 했던 것입니다."

동곽 선생이 말했다.

"당신이 말하는 두텁고 엷은 것은 단지 재주와 덕의 차이에 불과하지만, 내가 말하는 두텁고 엷은 것은 그것과 다릅니다. 북궁자는 덕에 있어서는 두텁지만 운명에 있어서는 엷습니다. 그대는 운명에 있어서는 두텁지만 덕에 있어서는 엷습니다. 당신이 뜻을 얻은 것은 지혜 때문이 아니며 북궁자가 궁해진 것도 어리석기 때문이 아닙니다. 모두가 하늘이 한 것이요, 사람이 한 게 아니지요. 그런데도 당신은 운명이 두텁다는 것을 스스로 뽐내고, 북궁자는 덕이 두터운데도 스스로 부끄러워하고 있으니, 모두가 본시부터 그렇게 된 이치를 알지 못하는 것입니다."

서문자가 말했다.

"선생님, 그만하십시오. 저로서는 감히 더 할 말이 없습니다."

그후로 북궁자는 짧고 거친 옷을 입어도 여우나 담비 가죽으로 만든 옷을 입은 듯 따뜻했고, 콩밥에 나물을 먹어도 쌀밥을 먹은 듯 맛이 있었고, 허름한 초가집에 살아도 넓은 대궐에 사는 듯했고, 낡은 수레를 타도 장식된 멋진 수레를 타는 것처럼 여겼다. 그리하여 평생토록 의기양양하게 지내면서, 영광과 치욕이 저기에 있든 여기에 있든 어쩌랴 하는 식이었다.

동곽 선생이 그 이야기를 듣고서 말했다.

"북궁자는 오랫동안 잠들어 있다가 한마디 말을 듣고 깨어났구나! 그토록 쉽게 깨어나다니!"

2-8.
운명으로 돌아가는 것이 만물의 이치

(1)

양주의 동생 양포楊布가 물었다.

"여기에 어떤 사람들이 있는데, 태어난 날과 말투와
재주와 모습이 모두 형제처럼 비슷합니다. 그러나 목
숨과 귀천과 명예와 애증은 아버지와 아들처럼 다릅
니다. 저는 그 까닭이 궁금합니다."

양주가 대답했다.

"옛 사람들이 한 말 중에 내가 잊지 않는 게 있다. 그
렇게 되는 까닭을 모르는데도 그렇게 되는 것은 운
명이다. 한 치 앞을 모르는데도 끊임없이 어떤 일들이
일어나는데, 그중에는 할 수 있는 것도 있고 할 수 없
는 것도 있다. 하루가 가고 하루가 오는 것에 대해 누
가 그 까닭을 알 수 있겠느냐? 모두가 운명인 것이다.

그러므로 운명을 믿는 자에게는 오래 살고 일찍 죽는 것이 따로 없고, 이치를 믿는 자에게는 옳고 그름이 없으며, 마음을 믿는 자에게는 거스름도 따름도 없고, 본성을 믿는 자에게는 편안함과 위태로움이 없다. 바로 이를 두고, 믿는 것도 없고 믿지 않는 것도 없다고 한 것이다. 그것이 진실하고 성실한 것이니, 여기에 어찌 떠나감과 나아감, 슬픔과 즐거움, 함과 하지 않음이 있겠느냐?

(2)

묵치말없이 잘 속이는 건달와 선질행동이 경박한 자과 천환성질이 느긋한 자과 별부성질이 다급한 자 네 사람이 함께 어울려 세상에 노닐었지만, 서로 자기 뜻대로 살며 여러 해가 지나도 상대방의 사정을 알지 못했다. 모두 자기 자신의 지혜가 가장 깊다고 생각했기 때문이다.

교녕간사한 자과 우직어리석게 곧기만 한 자과 악착행동이 엄격한 자과 편벽남의 비위를 잘 맞추는 자 네 사람은 함께 어울려 세상에 노닐었지만, 서로 자기 뜻대로 살며 여러 해가 지나도록 서로의 재능을 말하지 않았다. 모두 자기의 재능이 가장 미묘하다고 생각했기 때문이다.

교가엎드려 기는 것 같은 자와 정로감정을 숨김없이 드러내는 자와 건극성급해 말을 더듬는 자과 능줄남을 업신여기며 책망하기 잘하는

^자 네 사람은 함께 어울려 세상에 노닐었지만, 서로 자기 뜻대로 살며 여러 해가 지나도록 서로를 이해하지 못했다. 모두 자기 자신이 가장 큰 재능을 터득했다고 생각했기 때문이다.

면전남을 가벼이 여기고 조롱을 잘하는 자과 추위일을 남에게 미뤄 폐를 끼치는 자와 용감용감한 자과 겁의겁과 의심이 많은 자 네 사람은 함께 어울려 세상에 노닐었지만, 서로 자기 뜻대로 살며 여러 해가 지나도록 서로 잘못을 지적하는 일이 없었다. 모두 자신의 행동이 가장 사리에 어긋남이 없다고 생각했기 때문이다.

다우여럿과 잘 어울리는 자와 자전멋대로 행동하는 자과 승권권세를 잘 이용하는 자과 척립독립정신이 강한 자 네 사람은 함께 어울려 세상에 노닐었지만, 서로 자기 뜻대로 살며 여러 해가 지나도록 서로 돌봐주는 일이 없었다. 모두 자기 자신이 가장 때에 맞게 산다고 생각했기 때문이다.

이처럼 여러 행동이 있어 그 모습은 같지 않지만, 모두가 도에 따라 운명으로 돌아간 것이다.

2-9.
성인(聖人)과 악인(惡人) 사이,
명예와 불명예 사이

(1)

양주가 말했다. "백이伯夷는 욕망이 없었던 게 아니다. 청렴을 지나치게 뽐내다가 굶어 죽기에 이른 것이다. 유하혜柳下惠는 감정이 없었던 게 아니다. 정절을 지나치게 뽐내다가 후손이 끊기는 지경에 이른 것이다. 청렴과 정절이 선을 그르치는 것이 이와 같다."

(2)

양주가 말했다. "천하의 아름다움은 모두 순임금·우임금·주공·공자에게 귀결되고, 천하의 악한 짓은 모두 걸왕과 주왕에게로 귀결된다. 그러나 순임금은 하양河陽에서 밭을 갈고 뇌택雷澤에서 질그릇을 굽느라 일신이 잠시도 편안할 날이 없었고, 좋은 음식을 맛보지도 못했다. 심지어 부모도 그를 사랑하지 않았고, 아우와 누이도 그를 친하다 여기지 않았다. 나이 삼십이 되었을 때 부모에게 알리지도 않고 장가를 들었으며, 요임금이 그에게 선양禪讓하려 했을 때는 이미 늙고 지혜는 쇠하였다. 아들 상균이 재주가 없으므로 그는 우에게 임금 자리를 선양하고는 근심 속에서 죽어 갔다. 순임금은 천하 사람들 중에서도 가장 궁핍하고 불행한 자였다.

우임금의 아버지 곤鯀은 세상의 치수治水를 맡았으나 일을 제대로 성취하지 못해 우산에서 처형을 당했다. 우는 곤의 일을 이어받아 아버지를 죽인 원수를 섬기면서 토목공사를 크게 일으켰다. 아들이 태어났지만 돌보지 못했고, 자기 집 문 앞을 지나면서도 집에 들어가 보지 못했다. 몸은 마를 대로 마르고 손발에는 굳은 살이 박혔다. 순임금에게 선양을 받았지만 궁실은 초라했으며, 제복祭服만은 아름답게 갖춰 입다가 근심 속에 죽어 갔다. 우임금은 천하 사람들 중에서도 걱정과 고통이 가장 많은 자였다.

무왕이 죽고 난 뒤 성왕成王은 어리고 약해 주공이 대신 정사를 돌보았다. 주공의 아우 소공은 이를 달갑지 않게 여겨 네 나라에서 헛된 소문을 퍼뜨렸으므로 주공은 삼 년 동안 동쪽으로 가 있어야 했다. 자기

형을 죽이고 아우를 쫓아내고 나서야 겨우 그 자신의 화를 면했으니, 그 또한 근심 속에서 죽어 갔다. 주공은 천하 사람들 중에서도 가장 위기와 위험을 많이 겪은 자였다.

공자는 제왕의 도에 밝아서 당시 임금들의 초빙에 응했으나, 송나라에서는 누군가가 나무를 베어 그를 죽이려 했고, 위나라에서는 쫓겨났으며, 송나라와 주나라에서도 궁지에 몰렸고, 진나라와 채나라에서는 포위를 당했다. 또 노나라의 권세가 계씨에게는 굴욕을 당했고, 양호를 닮아 모욕을 당하기도 했으니, 그 역시 근심 속에 죽어 갔다. 공자는 천하 사람들 중에서 가장 핍박받고 고생한 자였다.

이 네 성인들은 이와 같이 살아서는 단 하루도 기쁨을 누리지 못했지만, 죽어서는 만세토록 명성을 남기고 있다. 그러나 명성이란 실제로는 취할 것이 못 된다. 그들을 칭송한다 한들 죽었기에 알지 못하고, 그들에게 상을 준다 한들 그 또한 알지 못한다. 그러니 나무토막이나 진흙덩어리와 다름없는 것이다.

반면 걸왕은 여러 대에 걸쳐 쌓인 재물을 가지고 임금이란 높은 자리에 있었다. 그의 지혜는 여러 신하들의 비난을 막아 내기에 충분했고, 그의 위세는 세상에 떨치기에 충분했다. 감각의 즐거움을 마음껏 누리고 하고 싶은 것을 다하며 즐거움 속에서 죽어 갔다. 그는 천하 사람들 중에서도 가장 편안하고 마음껏 즐긴 자였다.

주왕 역시 여러 대에 걸쳐 쌓인 재물을 지니고서 임금이란 높은 자리에 있었다. 그의 위세로 행할 수 없는 일이 없었고, 그의 뜻대로 되지 않는 일이 없었다. 널따란 궁전에서 내키는 대로 행동하고 긴 밤을 마음껏 즐기면서, 예의 때문에 괴로워하는 일 없이 즐거움 속에서 죽어 갔다. 그는 천하의 백성들 중에서 가장 제 멋대로 산 자였다.

이 두 흉악한 자들은 살아서는 멋대로의 즐거움을 누렸지만 죽어서는 어리석고 포악하다는 불명예를 얻었다. 실질은 진실로 명성이 관여할 수 있는 바가 아니다. 비록 후세가 그를 욕하더라도 죽은 그들은 알지 못하고, 그를 칭송하더라도 죽은 이들은 알지 못하니, 이는 나무토막이나 진흙덩이에 대고 비난하고 칭송하는 것과 무엇이 다르겠는가? 네 성인은 비록 아름다움으로 귀결되었지만, 그들에게는 죽을 때까지 고통이 이어져 결국 죽음으로 끝났다. 반면 흉악한 두 사람은 악으로 귀결되었지만, 그들에게는 죽을 때까지 즐거움이 이어져 역시 죽음으로 끝났다."

2-10.
다른 삶, 그러나 같은 죽음

양주가 말했다.

"백 년이란 사람 목숨의 최대치여서, 백 년을 사는 사람은 천 명에 하나 꼴도 안 된다. 어떤 사람의 일생을 본다면 그가 어려서 어머니 품에 안겨 있던 때와 늙어서 힘없는 때가 일생의 반을 차지할 것이다. 밤에 잘 때 활동이 멈춰진 시간과 낮에 깨어 있을 때 헛되이 잃는 시간이 또 그 나머지 반이 될 것이다. 게다가 아프고 병들고 슬퍼하고 괴로워하며 자기를 잃고 근심하고 두려워하는 시간이 또 그 나머지 반이다.

십수 년 동안을 헤아려 보건대, 즐겁게 만족하여 티끌만큼의 걱정도 없는 때는 한순간에 지나지 않는다. 그렇다면 삶이란 대체 무엇인가? 무엇이 즐거움인가? 아름답고 좋은 것을 즐겨야 하고 듣기 좋은 소리와 색을 즐겨야 하지만, 아름답고 좋은 것도 싫증날 정도로 즐길 수 있는 것이 아니고 소리와 색도 항상 즐길 수 있는 것이 아니다. 게다가 형벌로 금하고 상으로 권하는 것이 있으며, 명예와 법에 따라 나아가고 물러나는 것도 있다. 인간은 황망히 한때의 헛된 영예를 다투다가 죽은 뒤에 남는 영화를 도모한다. 또 우물쭈물 귀로 듣고 눈으로 보는 것을 따르다가 몸과 뜻의 시비를 애석히 여기고 좋은 시절의 지극한 즐거움을 잃고는 한시도 자기 마음대로 하지 못한다. 이것이 형틀에 매인 중죄수의 삶과 무엇이 다르다는 말인가?

태곳적 사람들은 삶이란 잠시 오는 것이요, 죽음이란 잠시 가는 것임을 알았다. 그러므로 마음을 따라 움직이면서 자연을 거스르지 않았고, 자신이 좋아하는 것을 없애려고도 하지 않았다. 그것은 명예로도 권할 수 없는 것이었다. 또 본성을 따라 노닐며 만물이 좋아하는 것을 거스르지 않았고, 죽은 뒤의 명예를 취하지도 않으니 이는 형벌로써도 막을 수 없었던 것이다. 명예나 수명의 길고 짧음을 헤아릴 바가 아니었던 것이었다."

양주가 말했다.

"만물이 서로 다른 것은 삶이요, 서로 같은 것은 죽음이다. 살아서는 현명하고 어리석고 귀하고 천함이 있으니 이것이 바로 다른 것이다. 또 죽어서는 썩어서 냄새를 풍기며 소멸되어 버리니 이것이 바로 같은 것이다.

비록 그렇더라도, 현명하고 어리석은 것과 귀하고 천한 것은 능력으로 되는 것이 아니며, 썩어서 냄새가 나고 소멸하는 것도 또한 능력으로 되는 것이 아니다. 삶은 살고자 하여 사는 게 아니고, 죽음도 죽고자 하여 죽는 게 아니다. 이와 마찬가지로, 현명함도 현명하고자 하여 현명하게 되는 게 아니고, 어리석음도 어리석고자 하여 어리석게 되는 게 아니며, 귀함도 귀하고자 하여 귀하게 되는 게 아니고, 천함도 천하고자 하여 천하게 되는 게 아니다. 만물은 똑같이 살고 똑같이 죽으며, 똑같이 현명하고 똑같이 어리석으며, 똑같이 출세하고 똑같이 천한 자리에 있게 되는 것이다.

십 년 살다 죽어도 죽는 것이고, 백 년을 살다 죽어도 죽는 것이다. 어진 이와 성인도 죽고, 흉악한 자와 어리석은 자도 죽는다. 살아서는 요와 순처럼 훌륭한 임금일지라도 죽으면 썩어 뼈만 남으며, 살아서는 걸과 주처럼 포악한 임금일지라도 죽으면 썩어 뼈만 남는다. 썩어 뼈만 남는 것은 똑같으니 누가 그 다름을 알겠는가? 그러니 지금 살아 있음을 즐거워할 뿐, 죽은 뒤를 생각할 겨를이 어디 있겠는가?"

낭송Q시리즈 동청룡
낭송 열자

3부
당신의 분별력을 의심하라

3-1.
천하를 이롭게 하려거든 자신을 돌보라

양주가 말했다.

"백성자고伯成子高는 터럭만큼도 외물을 이롭게 할 수 없다고 여겨 나라를 떠나 농사를 짓고 살았다. 우임 금은 일신을 이롭게 해서는 안 된다고 여겨 몸이 깡 마르도록 일했다. 옛 사람 중에는 터럭 하나를 뽑아 천하를 이롭게 한다 해도 하지 않은 자가 있었다. 그 는 천하를 다 들어 자신을 떠받든다 해도 이를 취하 지 않았다. 사람마다 한 터럭도 뽑지 않고, 그것이 천 하를 이롭게 할 수도 없다고 여긴다면 천하가 다스려 질 것이다."

금자禽子가 양주에게 물었다.

"선생님 몸에서 터럭 하나를 뽑아 세상을 구제할 수 있다면 그렇게 하시겠습니까?"

양자가 말했다.

"세상은 본래 털 하나로 구제할 수 있는 게 아니라네."

금자가 말했다.

"그래도 만약 구제할 수 있다면 하시겠습니까?"

양자는 대답하지 않았다. 금자가 나와서 맹손양에게 전하자 맹손양이 말했다.

"그대는 우리 선생님의 마음을 이해하지 못하시는군요. 제가 설명해 드리지요. 그대는 그대의 피부를 떼어 만 금을 얻을 수 있다면 그렇게 하겠습니까?"

금자가 답했다.

"하지요."

맹손양이 말했다.

"그럼, 그대의 몸 한 마디를 잘라 한 나라를 얻을 수 있다면, 그대는 그렇게 하겠습니까?"

금자는 한동안 말이 없었다. 맹손양이 말했다.

"터럭 하나는 피부보다 미미하고, 피부는 신체의 한 부분보다 미미한 것이 분명합니다. 그러나 터럭 하나가 쌓여서 피부를 이루고, 피부가 쌓여 몸의 일부를 이룹니다. 터럭 하나는 비록 몸의 만 분의 일에 불과하지만 그래도 어찌 그것을 가벼이 여기겠습니까?"

금자가 말했다.

"나는 답할 수 없습니다만, 그대의 말에 대해 노자老子

나 관윤關尹에게 물어본다면 그분들은 그대의 말이 옳다고 할 것입니다. 그러나 내 말을 우임금*이나 묵자**에게 물어본다면 그분들은 내 말이 옳다고 하실 것입니다."

금자의 말을 들은 맹손양은 제자들을 돌아보면서 딴청을 했다.

---

* 중국 전설시대의 홍수를 다스린 임금. 당시 중국에서는 황하의 범람을 다스리는 것이 큰 과제였다고 한다. 이에 순임금에게 등용된 우임금은 중국 대륙의 물길을 정리하여 인류를 홍수의 재앙에서 구제했다고 알려져 있다. 치수사업이라는 대공사를 하느라 자기 집 앞을 세 번 지나면서도 들어가 보지 못했고, 아들이 태어났을 때도 가 볼 수 없었다는 전설이 전해 내려온다.

** 전국시대의 사상가. 혈연관계, 친분관계에 상관없이 서로 사랑하자는 겸애설(兼愛說)을 주장했다. 화려한 격식에 반대하며 부지런하고 검소하게 살았고, 전쟁에 반대하며 위험에 처한 사람들을 구해 주느라 정작 자신은 늘 고단하고 힘든 삶을 살았다고 한다. 묵자가 존경한 인물이 우임금이다.

3-2.
네게 좋은 것을 남에게 권하지 말라

양주가 말했다.

"사람들이 휴식을 취하지 못하는 것은 다음 네 가지 때문이다. 첫째는 수명, 둘째는 명예, 셋째는 지위, 넷째는 재물이다. 이 네 가지에 얽매인 사람은 귀신을 두려워하고, 사람을 두려워하며, 위세를 두려워하고, 형벌을 두려워한다. 이런 사람을 '둔인'遁人, 즉 자연의 이치로부터 도망가는 자라고 한다. 그는 죽어도 좋고 살아도 좋으니, 운명을 제어하는 것이 밖에 있다고 여긴다.

운명을 거스르지 않으니 어찌 오래 사는 것을 부러워하며, 귀함을 뽐내지 않으니 어찌 명예를 부러워하겠는가? 또, 권세를 추구하지 않으니 어찌 지위를 부러워하며, 부를 탐하지 않으니 어찌 재물을 부러워하겠는가? 이런 사람을 '순민'順民, 즉 자연의 이치를 따르는 사람이라 한다. 천하에 그와 대적할 자가 없으니, 그는 운명을 다루는 것이 자기에게 있다고 여긴다.

옛말에 '사람이 결혼하지 않고 벼슬하지 않으면 정욕이 반은 없어지고, 입고 먹지 않으면 군신의 도는 필요 없다'고 했다. 또 주나라 속담에 '농부는 앉혀 놓고 일을 못하게 하는 것으로 죽일 수 있다'라는 말도 있다. 농사꾼은 아침에 나갔다가 밤늦게 돌아오는 것을 본성이라 여기고, 콩국을 마시고 콩잎을 먹으면서도 그것이 지극한 맛이라 여긴다. 그의 피부와 근육은 거칠고 두꺼우며 힘줄과 뼈마디는 굵고 팽팽하다. 그런데 하루아침에 그를 부드러운 모피와 비단 장막 속에 살게 하고, 쌀밥과 고기반찬에 좋은 향기를 맡게 하고 귤처럼 맛있는 과일을 먹게 하면, 마음은 병들고 몸은 쑤시게 될 것이요, 속에서는 열이 나 병이 생길 것이다. 반면, 상나라와 노나라의 임금이 농사꾼 처지가 된다면 한 시간도 못 되어 지쳐 버릴 것이다. 그러므로 시골 사람이 편안하고 아름답게 여기는 것은 그들에게 있어 천하에 그보다 더 좋은 게 없는 것이다."

옛날 송나라의 한 농부가 낡고 헤진 옷을 입은 채 겨우 겨울을 났다. 봄이 되어 농사일이 시작되면 햇볕을 쬐어 따뜻해짐을 알 뿐, 천하에 넓은 집과 따스한 방, 솜옷과 여우·담비 가죽으로 만든 옷 등이 있음은 알지 못했다. 그가 그의 아내를 돌아보면서 말했다.

"햇볕을 쬐면 따뜻해지는 것을 사람들은 알지 못하오. 이것을 임금님께 알려 드리면 큰 상을 내려 주실 것이오."

마을의 부자가 이를 듣고 말했다.

"옛날에 어떤 사람이 들에서 나는 거친 콩과 나물, 미나리와 개구리밥을 먹고서는 맛있다고 여겨 자기 고을의 지체 높은 사람에게 알려 주었다 하네. 그가 그것들을 가져다 맛보니 입은 벌레가 쏘는 듯했고 배가 아팠다는군. 하여 사람들이 알려 준 그 자를 비웃고 원망하니, 그는 크게 부끄러워했다 하네. 그도 이런 부류의 사람이로군."

3-3.
무엇이 참된 실질인가

(1)

양주가 노나라를 유람하다가 맹씨 댁에 묵었는데 맹
씨가 물었다.

"사람으로 태어났으면 그만이지 어째서 명예를 좇습
니까?"

"명예로 부유해지기 위해서지요."

"부유해졌는데도 그만두지 못하는 것은 어째서입니
까?"

"귀해지기 위해서지요."

"이미 귀해졌는데도 그만두지 못하는 것은 어째서입
니까?"

"죽음을 위해서지요."

"죽으면 그만인데 무엇을 위한다는 것입니까?"

"자손들을 위함이지요."

"명예가 자손들에게 무슨 이익이 됩니까?"

"명예는 그의 몸을 괴롭히고 애를 태우는 것이지만, 그 명예를 누린 사람은 혜택이 집안 사람들에게까지 미치고 그 이익은 고을 사람들과도 함께 누릴 수 있거늘, 하물며 자손들이야 더 말할 게 있겠습니까?"

"명예를 좇는 사람은 반드시 청렴해야 하는데 청렴하면 가난해집니다. 명예를 좇는 사람은 반드시 남에게 사양을 해야 하는데 사양하면 지위가 낮아집니다."

이에 양주가 말했다.

"관중管仲은 제나라의 재상이었는데 임금이 지나치게 놀면 자기도 지나치게 놀았고, 임금이 사치하면 자기도 사치를 했습니다. 그렇지만 서로 뜻이 맞고 말대로 되어 나라가 잘 다스려진 결과 패자覇者가 되었습니다. 하지만 죽고 나니 그저 관씨일 뿐입니다. 이와 달리, 전씨들은 제나라의 재상이 되어 임금이 지나친 짓을 할 때 자기는 겸손하게 행동하고, 임금이 재물을 거두어들일 때 자기는 재물을 베풀어 백성들이 모두 그를 따랐으므로 제나라를 소유하게 되었습니다. 그리하여 지금까지도 자손들이 그것을 누리고 있습니다. 그러니 실제의 명예는 가난함을 주었고, 가짜 명예는 부유함을 준 것이지요."

맹씨가 말했다.

"실질에는 명예가 없고, 명예에는 실질이 없지요. 명예란 것은 거짓일 뿐입니다. 옛날 요·순은 거짓으로 천하를 허유許由와 선권善卷에게 양보함으로써 천하를 잃지 않고 백 년의 권세를 누렸습니다. 반면, 백이와 숙제는 실제로 고죽군 자리를 두고 서로 사양하다가 끝내는 그 나라를 잃고 수양산에서 굶어 죽었습니다. 실제와 가짜의 분별은 이와 같이 잘 살펴야 하는 것입니다."

(2)

동쪽에 원정목爰旌目이라는 사람이 있었다. 그가 길을 가다가 굶어 죽을 뻔했는데 호보狐父 땅의 '구'丘라는 도둑이 그를 보고 죽 한 그릇을 내어 주며 그에게 먹으라고 했다. 원정목이 세 모금을 먹은 뒤에 눈을 뜨고 말했다.

"선생은 무얼 하시는 분입니까?"

"나는 호보 사람 구입니다."

원정목이 말했다.

"어허! 당신은 도둑이 아니오? 어째서 나에게 음식을 먹여 주는 거요? 나는 의로우니 당신의 음식은 먹지 않겠소."

그러더니 두 손으로 땅을 짚고 먹은 것을 토해 냈다. 먹은 것이 나오지 않자 꽥꽥거리다가 마침내 엎어져 죽고 말았다.

호보 사람은 도둑이지만 그의 음식은 도둑이 아니다. 사람이 도둑이라 하여 그의 음식도 도둑이라 생각하고 먹지 않은 것은 이름과 실질이 무엇인지 알지 못했기 때문이다.

3-4.
열자의 소요유와 즐거움

(1)

처음에 열자는 노닐기를 좋아했다. 호구자壺丘子가 말했다.

"선생은 노닐기를 좋아하는데, 그게 뭐가 좋습니까?"

열자가 말했다.

"노니는 즐거움은 감상할 때 옛것을 기준으로 하지 않는 데 있지요. 사람들은 노닐 때 그들이 보는 것에 만족하지만 저는 노닐 때 그것이 변화하는 것을 봅니다. 노닒이여, 노닒이여! 자신의 노닒을 제대로 분별하는 사람은 아직 없습니다."

호구자가 말했다.

"그대의 노닒은 진실로 남과 같음에도 불구하고 남과는 다르다고 하는 겁니까? 보이는 것들은 모두 항상 그 변화를 보여 주는 겁니다. 물건을 감상할 때 옛 것을 기준으로 삼지 않는다면서 자신 또한 옛날 그대로가 아님은 알지 못하는군요. 밖으로 노니는 것에만 힘쓰고 안으로 자신을 관찰하는 일에는 힘쓸 줄 모르기 때문입니다. 밖으로 노니는 사람은 외물에서 만족함을 구하지만 안으로 자신을 관찰하는 사람은 자신에게서 만족함을 취합니다. 자신에게서 만족함을 취하는 것이 노닒의 지극한 경지이지 외물에서 만족함을 구하는 것은 노닒의 지극한 경지가 아닙니다."

이로부터 열자는 평생을 나가지 않았고 자신이 노닒을 알지 못한다고 생각했다. 호구자가 말했다.

"노닒의 지극한 경지로다! 지극한 노닒을 행하는 사람은 가는 곳을 알지 못하며, 지극하게 보는 사람은 보이는 것을 알지 못한다. 모든 외물이 노닒이며, 모든 외물이 봄이다. 이것이 내가 말하고자 하는 노닒이고, 봄이다. 그래서 '노닒이 지극한 경지에 이르렀구나, 노닒이 지극한 경지에 이르렀구나!'라고 한 것이다."

(2)

공자가 태산에 유람을 갔다가 성郕 땅의 들을 거니는 영계기榮啓期를 보았는데, 그는 사슴 가죽옷에 새끼줄로 띠를 두른 모습으로 비파를 타면서 노래하고 있었다. 공자가 그에게 물었다.

"선생께서 즐거워하는 이유는 무엇입니까?"

그가 대답했다.

"내게는 즐거움이 많지요. 하늘이 만물을 낳을 때 사람만이 존귀한 것인데 나는 사람이 되었으니, 이것이 첫번째 즐거움입니다. 또 남녀가 유별한데 남자는 높고 여자는 낮은 고로 남자를 귀하게 여기죠. 그런데 나는 남자가 되었으니, 이것이 두번째 즐거움입니다. 태어나서 해와 달도 못 보고 얼마 살지도 못하고 죽는 사람도 있는데 나는 이미 나이 구십 줄에 이르렀으니, 이것이 세번째 즐거움입니다. 가난은 선비에게 일상적인 것이고, 죽음은 사람의 끝입니다. 일상에 있다가 끝을 맞이하는데, 무슨 근심이 있겠습니까?"

공자가 말했다.

"훌륭하십니다! 여유로움을 아는 분이시군요."

3-5.
공자님도 모르는 것이 있다네

(1)

공자가 동쪽으로 유람을 가다가 두 아이가 말다툼하고 있는 것을 보았다. 그 까닭을 물으니 한 아이가 대답했다.

"저는 해가 처음 떠오를 때가 사람들과 해의 거리가 가깝고, 해가 중천에 떠 있을 때가 먼 것이라고 했습니다."

그러자 다른 아이가 말했다.

"저는 해가 처음 떠오를 때에 멀고, 해가 중천에 있을 때에 가깝다고 했습니다."

첫번째 아이가 말했다.

"해가 처음 떠오를 적엔 크기가 수레 덮개만 한데 중천에 오면 쟁반만 해집니다. 이는 먼 것은 작게 보이고 가까운 것은 크게 보이기 때문이 아니겠습니까?"

다시 두번째 아이가 말했다.

"해가 처음 떠오를 때는 싸늘하고 서늘한데 중천에 오게 되면 끓는 국에 손을 넣은 것처럼 뜨겁습니다. 이는, 가까운 것은 뜨겁고 멀리 있는 것은 서늘하기 때문이 아니겠습니까?"

공자는 결단을 내리지 못했다. 그러자 두 아이가 웃으면서 말했다.

"누가 선생님을 아는 게 많다고 했나요?"

(2)

송宋나라 양리陽里에 사는 화자華子라는 사람이 중년에 망각증이 생겨, 아침에 받은 것을 저녁이면 잊고 저녁에 준 것을 아침에 잊었다. 길을 나서서는 가는 것을 잊었고 방 안에서는 앉는 것을 잊었으며, 지금은 조금 전의 일을 알지 못했고 조금 뒤에는 지금 일을 알지 못했다. 온 집안이 이를 심각하다 여겨 점쟁이를 찾아가 점을 쳤지만 점괘가 나오지 않았다. 무당을 찾아가 빌어 보았으나 나아지지 않았고, 의사를 찾아가 고쳐 보려 했으나 고쳐지지 않았다.

이때 노魯나라의 한 유생儒生이 나서서 그것을 고칠 수 있다고 하자, 화자의 처자들은 재산의 반을 주기로 하고 그에게 처방을 요청했다. 유생이 말했다.

"이것은 점으로 고칠 수 있는 병이 아니며, 또 무당에게 빈다고 고칠 수 있는 것도 아니고, 약이나 침으로 고치려 해도 고칠 수 있는 게 아닙니다. 나는 그의 마음을 변화시키고 그의 생각을 바꾸어 보려 합니다. 그러면 아마도 고쳐질 것입니다."

이에 시험 삼아 그를 벗겨 놓으니 옷을 찾았고, 굶기니 먹을 것을 찾았으며, 가두어 놓으니 밝은 곳을 찾았다. 유생은 기뻐하면서 그의 아들에게 말했다.

"병을 고칠 수 있습니다. 그러나 저의 처방은 비밀이라 세상에 전해져서는 안 됩니다. 다른 사람들에게 말할 수 없으니 사람들을 물러나게 하고 독방에서 칠일간 함께 지내도록 하겠습니다."

가족들은 그의 말대로 했다. 그가 무엇을 하는지는 알 수 없었지만, 여러 해 끌어온 병이 하루아침에 싹 나아 버렸다. 그러나 제정신을 차린 화자는 몹시 화가 나서 처자를 내쫓고 벌했으며, 창을 들고 유생을 쫓아 버렸다. 송나라 사람이 그를 붙들고 이유를 물으니 화자가 말했다.

"전에 내가 망각증이 있을 때는 경계가 없어서 천지가 있는지 없는지도 알지 못했습니다. 그런데 이제 갑자기 망각증이 사라지니 지난 수십 년의 존망存亡,

득실得失, 애락哀樂, 호오好惡 같은 잡다한 생각의 실마리가 일어나게 되었습니다. 나는 장차 존망, 득실, 애락, 호오가 내 마음을 이와 같이 어지럽히게 될까 걱정입니다. 그러니 다시 잊어버리는 상태로 돌아갈 수 있을까요?"

자공이 이를 듣고서 괴이하게 여겨 공자에게 아뢰자 공자가 말했다.

"그것은 네가 알 수 있는 게 아니다."

그러고는 뒤돌아 안회를 보며 그것을 기록해 두라고 일렀다.

3-6.
아이도 아는 이치를 어른들은 몰라요

제나라 전씨田氏가 마당에서 여행길의 안전을 비는 제사를 지내고 있었다. 전씨네 집에서 얻어먹고 지내는 사람들이 천여 명에 이르렀는데, 그중에 어떤 사람이 물고기와 기러기를 바쳤다. 전씨는 그것을 보고서 감탄하며 말했다.

"하늘은 사람들에게 후하게 내려주십니다. 오곡을 자라게 하고 물고기와 새를 살도록 하여 사람들이 그것을 먹도록 하니 말입니다."

여러 손님들이 이 말을 메아리처럼 따라했다. 그때, 자리에 끼어 구경하던 열두 살짜리 포씨네 아들이 나서며 이렇게 말했다.

"대감님의 말씀은 옳지 않아요. 천지 사이의 만물은 우리와 함께 살아가고 있는 무리들입니다. 무리는 서로 귀하고 천한 게 없는데, 한낱 크고 작은 지혜와 힘으로 상대를 제압하며 서로 번갈아 잡아먹고 있지요. 사람들은 서로를 위해 살도록 해주기는커녕 먹을 수 있는 것은 무엇이든 잡아먹을 수 있다고 생각하는데, 어찌 하늘이 본래부터 사람들을 위해 그것을 살아가게 한 것이겠어요? 모기는 사람의 살갗을 물어 피를 빨고, 호랑이와 이리는 사람 고기를 먹지요. 그렇다면 하늘은 본래부터 모기를 위해 사람들을 살아가게 하고, 호랑이와 이리를 위해 사람 고기를 만들어 놓은 것일까요?"

3-7.
때에 맞게 적용하지 못하는 지식은 무용지물

노나라 시씨施氏에게 두 아들이 있었다. 그중 하나는 학문을 좋아했고, 다른 하나는 병법을 좋아했다. 학문을 좋아하는 아들은 그 재주로 제나라 제후에게 갔는데, 제후는 그를 맞아 왕실 자제들의 스승으로 삼았다. 병법을 좋아하는 아들은 초나라로 가서 임금에게 병법을 유세하니 임금이 기뻐하며 그를 군 사령관에 임명했다. 그들의 봉록은 집안을 부유하게 했고, 그들의 벼슬은 부모를 영화롭게 했다.

시씨네 이웃 중에 맹씨가 있었는데, 그에게도 두 아들이 있었고 그들이 종사하던 일도 같았다. 그러나 가난하여 궁하게 지내면서 시씨네가 잘사는 것을 부러워하던 그는 시씨네 집을 찾아가 벼슬하는 방법을 가르쳐 달라고 청했다. 시씨네 두 아들은 맹씨의 아들에게 성실하게 알려 주었다.

먼저, 맹씨네 아들 하나가 진나라로 가서 그의 학문을 진나라 임금에게 유세하니, 임금이 말했다.

"지금 여러 제후들이 힘으로서 다투고 있어 급한 것은 군대와 식량뿐이오. 인과 의로 나라를 다스리는 건 나라를 망하게 하는 길이오."

그러고는 그를 궁형에 처하고 추방했다.

맹씨네 또 다른 아들은 위나라로 가서 병법으로 위나라 제후에게 유세했는데, 제후가 이렇게 말했다.

"우리는 약한 나라로 큰 나라들 사이에 끼어 있어, 큰 나라는 섬기고 작은 나라는 달래는 것이 우리의 안위를 구하는 길이오. 군사력에 의지한다면 나라가 망하고 말 것인즉, 그대를 온전히 돌려보내면 다른 나라로 가서 같은 주장을 할 것이고, 그리되면 우리나라에 닥칠 환란이 작지 않을 것이오."

그러면서 그를 월형刖刑:죄인의 발꿈치를 베던 형벌에 처하고 노나라로 돌려보냈다.

맹씨네 부자들은 가슴을 치면서 시씨네를 원망했다. 그러자 시씨가 말했다.

"무릇 때를 얻은 자는 성공하고 때를 잃은 자는 망합니다. 그대들의 도는 나와 같지만 결과가 나와 다른 것은 때를 잃었기 때문이지 행동이 잘못되었기 때문이 아닙니다. 또 천하의 이치가 항상 옳을 수만은 없고 일이 항상 그릇될 수만도 없습니다. 전날에는 잘 쓰이다가도 지금은 버려지게 되는 경우가 있고, 지금은 버려지더라도 뒤에는 잘 쓰이게 되는 수가 있습니다. 이처럼 쓰이거나 쓰이지 않는 것은 정해진 바가 없으니, 틈을 뚫고 때를 만나 일에 원만히 대응하는 것은 지혜에 속하는 일입니다. 지혜가 진실로 부족하다면 당신이 공자처럼 박학하고 여상^{呂尙}처럼 술^術이 뛰어나다 하더라도 어딜 간들 궁지에 몰리지 않을 수가 있겠습니까?"

맹씨 부자들은 표정을 누그러뜨리고 말했다.

"알겠습니다. 더 말하지 마십시오."

3-8.
하늘과 땅을 훔친 큰 도둑

제나라의 국씨國氏는 큰 부자였고, 송나라의 상씨向氏는 매우 가난했다. 상씨는 제나라로 가서 국씨에게 부자가 되는 법을 물었다. 국씨는 그에게 다음과 같이 대답했다.

"나는 도둑질을 잘합니다. 도둑질을 시작한 지 1년 만에 먹고살 수 있게 되었고, 2년째에는 풍족하게 되었고, 3년이 되자 재산이 크게 불어났습니다. 이때부터 이웃들에게 재물을 베풀어 주었습니다."

상씨는 매우 기뻐했다. 그러나 그는 도둑질로 부자가 되었다는 것만 알아들었지 도둑질의 도道에 대해서는 알지 못했다. 이윽고 그는 남의 집 담을 뛰어넘어 벽에 구멍을 뚫고 들어가 잡히고 보이는 대로 모두 집어 왔다. 그러나 얼마 안 있어 도둑질한 죄로 붙잡

혀 선대의 재물까지 모두 몰수당했다.

상씨는 국씨가 자기를 망쳤다고 생각하여 그를 찾아가 원망했다. 그러자 국씨가 말했다.

"당신은 도둑질을 어떻게 했습니까?"

상씨가 자기가 한 짓을 그대로 이야기하자 국씨가 말했다.

"아이고! 당신은 도둑질의 도를 이렇게까지 몰랐단 말입니까? 이제 내가 알려드리죠. 듣자 하니, 하늘에는 때가 있고 땅에는 이로움이 있다더군요. 나는 하늘의 때와 땅의 이로움을 훔쳤습니다. 구름과 빗물과 산과 연못에서 나는 것들로 나의 벼를 기르고 나의 곡식을 불렸으며, 나의 담을 쌓고 집을 세웠습니다. 땅에서는 새와 짐승을 훔치고 물에서는 고기와 자라를 훔쳤으니 도둑질 아닌 게 없습니다. 벼와 곡식과 흙과 나무와 동물과 물고기는 모두 하늘이 낳은 것이니, 어찌 내 것이겠습니까? 나는 하늘에서 도둑질했기 때문에 재앙이 없었던 것입니다.

그러나 모든 금과 옥과 진주와 보배와 곡식과 비단과 재물들은 사람들이 모은 것이니, 어찌 하늘이 준 것이라 할 수 있겠습니까? 그런데 당신은 그것을 도둑질하여 죄를 졌으니 누구를 원망하겠습니까?"

상씨는 몹시 당황하여 국씨가 또 자기를 속인다 생각

하고 동곽 선생을 찾아가 물었다. 그러자 동곽 선생이 대답했다.

"그대의 몸도 어찌 도둑질한 게 아니겠는가? 음과 양의 조화를 도둑질하여 그대의 삶을 완성하고 그대의 형체를 이루었거늘, 하물며 외물이야 도둑질 아닌 게 있겠는가? 진실로 그러하니 천지 만물은 서로 분리할 수 없는 것일진대, 자기 것이라 생각하고 그것을 소유하는 것은 모두가 잘못된 것일세. 국씨의 도둑질은 공정한 도이므로 재앙이 없었지만, 자네의 도둑질은 사심에서 비롯된 것이므로 죄를 얻은 것이라네. 공사公私가 있어도 도둑질이요, 공사가 없어도 또한 도둑질이네. 공은 공대로, 사는 사대로 인정하는 것이 천지의 덕이니, 천지의 덕을 아는 사람이라면 누구를 도둑이라 하고 누구를 도둑이 아니라 하겠는가?"

3-9.
힘을 쓰지 않는 자가 진정 힘 센 자

공의백公儀伯은 힘이 세기로 제후들 사이에서 유명했다. 당계공堂谿公이 그 이야기를 주나라 선왕에게 전하자 선왕이 예를 갖추어 그를 초빙했다. 공의백이 왔는데, 정작 그를 보니 약해 보이는 것이었다. 선왕은 이상하게 여기며 물었다.

"그대의 힘은 어느 정도인가?"

공의백이 말했다.

"저의 힘은 봄 메뚜기의 넓적다리를 꺾고, 가을 매미의 날개를 들 수 있는 정도입니다."

임금의 얼굴빛이 확 바뀌더니, 다시 말했다.

"내가 알고 있는 힘은 물소나 외뿔소의 가죽을 빗기고, 아홉 마리 소의 꼬리를 손으로 잡아채서 끈다고 해도 모자라다 할 판이오. 그런데 겨우 봄 메뚜기의

넓적다리를 꺾고 가을 매미의 날개나 들 수 있다니,
그 힘으로 어떻게 천하에 소문이 났단 말인가?"

공의백은 길게 한숨을 내쉬고 자리에서 물러나며 말했다.

"훌륭하신 질문입니다. 사실대로 대답하겠습니다. 제 스승으로 상구자商丘子란 분이 계셨는데 그분의 힘은 천하에 대적할 자가 없었지만 집안 사람들도 그 사실을 알지 못했습니다. 그분이 힘을 쓴 일이 없기 때문이지요. 제가 죽음을 무릅쓰고 그분을 섬기자 제게 이렇게 말씀해 주셨습니다.

'사람들이 볼 수 없는 것을 보고자 한다면 남이 볼 수 없는 것을 보여 주어야 하며, 다른 사람이 얻을 수 없는 것을 얻고자 한다면 사람들이 할 수 없는 것을 행해야 한다. 그러므로 보는 것을 배우려는 사람은 먼저 나뭇짐 수레같이 큰 것에서 시작해야 하고, 듣는 것을 배우려는 사람은 종 치는 소리처럼 큰 소리에서 시작해야 한다. 자기 마음속으로 쉽다고 여기는 일은 밖으로 어려움이 없다. 밖으로 어려운 것이 없기 때문에 그의 명성이 집 밖으로 나가지 않는 것이다.'

지금 제 이름이 제후들 사이에 알려진 까닭은 제가 스승의 가르침을 어기고 저의 능력을 드러냈기 때문입니다. 제가 힘이 있다는 명성을 얻은 것은 힘을 뽐냈기 때문이 아니라 그 힘을 쓰지 않았기 때문이지요.
이것이 힘을 드러내는 것보다 훨씬 낫지 않습니까?"

3-10.
나의 옳음은 나의 옳음일 뿐

자산子産이 정鄭나라의 재상이 되어 정사를 도맡은 지
삼 년이 되었다. 착한 사람들은 그의 가르침을 따르
고 악한 자들은 그가 금지한 것을 두려워하여 정나라
가 잘 다스려지니, 제후들이 모두 그를 두려워했다.
그에게는 공손조公孫朝라는 형과 공손목公孫穆이라는
아우가 있었는데, 공손조는 술을 좋아했고 공손목은
여자를 좋아했다. 공손조의 집에는 술이 천 가지 종
류나 있었고 쌓인 누룩은 산더미 같았다. 대문에서
백 보 떨어진 거리에서도 술지게미 냄새가 사람들의
코를 찔렀다. 그가 술에 젖어 있을 때는 세상의 안위
와 사람들의 인색함, 집안에 있고 없는 것이나 친척
간의 친함과 소원함, 생사의 애락을 알지 못했다. 심
지어 물불과 무기를 가지고 눈앞에서 싸움을 해도 알

지 못했다.

그런가 하면 공손목의 뒤뜰에는 수십 개의 방이 늘어서 있었는데 방마다 젊고 예쁜 여자들이 가득했다. 그가 여색에 빠져 있을 때는 가까이 하던 이들도 물리치고 교유하던 친구들도 끊어 버리고는 뒤뜰에 숨어서 낮을 밤으로 삼아 석 달에 한 번 나오면서도 마음이 흡족하지 않은 듯했다. 고을에 예쁜 처녀가 있다고 하면 반드시 재물을 써서 중매를 통해 데려왔으며 자기가 얻지 못할 상대임을 확인하고 난 뒤에야 그만두었다.

자산은 밤낮으로 형제의 일을 근심하다가 몰래 등석鄧析을 찾아가서 이 일을 의논했다.

"제가 듣건대, '자신을 다스려 집안에 미치고, 집안을 다스려 나라에 미치게 한다'고 합니다. 이것은 가까운 데로부터 시작해서 먼 곳까지 이르게 함을 말합니다. 저는 나라를 맡아서 잘 다스리고 있지만 집안은 엉망입니다. 도를 어기고 있는 것일까요? 어떤 방법으로 두 사람을 구할 수 있을까요? 선생님께서 알려 주십시오."

등석이 말했다.

"저도 그들을 이상하게 여기고 있은 지 오래되었으나 감히 먼저 말을 못했습니다. 선생은 어찌하여 그들이 제정신일 때 본성의 중요함을 깨우치고, 예의를 존중해야 함을 일러 주지 않으십니까?"

자산은 등석의 말대로 틈을 내어 형제를 찾아가서 말했다.

"사람이 금수보다 귀한 까닭은 지혜와 생각이 있기 때문인데, 지혜와 생각을 이끌어 나가는 것은 예의입니다. 예의가 완성되면 명예와 지위를 얻게 되지만 감정이 내키는 대로 움직여서 자기가 좋아하는 것과 욕망에 빠져 버린다면 본성이 위태로워집니다. 형님과 아우가 저의 말을 받아들여 아침에 뉘우치신다면 저녁에 벼슬을 얻게 될 것입니다."

그러자 공손조와 공손목이 말했다.

"우리도 오래전부터 알고 있었고 그 길을 택한 지도 오래되었네. 어찌 그대의 말을 듣고 나서야 알았겠는가? 무릇 태어나는 것은 어렵지만 죽음은 쉽게 다가오는 법. 어렵게 태어나서 쉽게 다가오는 죽음을 기다리니 뭘 더 생각하겠는가? 그대는 예의를 존중하여 남에게 과시하고, 성정을 속여 가며 명예를 추구하지만, 우리는 그렇게 사는 것이 죽음만도 못하다고 여긴다네. 우리는 일생의 기쁨을 다 누리고 한창 때의 즐거움을 다하고 싶을 뿐이라네. 배가 부를 대로 불러서 먹고 싶은 것을 다 먹지 못할까 걱정이고,

힘이 달려서 욕망대로 여색을 즐기지 못할까 걱정일 뿐, 명성의 더러움이나 본성의 위태로움 따위는 근심할 겨를이 없다네. 그런데도 그대는 나라를 다스리는 능력을 남에게 뽐내면서 말로 우리의 마음을 어지럽히고 명예와 벼슬로 우리의 마음을 기쁘게 하려 하니, 이 어찌 비루하고 가련한 일이 아니겠는가? 우리는 그대를 위해 이를 분별해 보고자 하네.

밖을 잘 다스리는 사람이라고 해도 외물이 반드시 잘 다스려지는 것은 아니어서 자신만 더욱 괴로운 법일세. 또 안을 잘 다스리는 사람이라 해도 외물이 반드시 어지러워지는 것은 아니어서 본성이 더 편안할 수도 있네. 그대가 밖을 다스리는 방법으로 한 나라를 잠시 다스릴 수 있을지는 몰라도 모든 사람들의 마음에 들어맞게 할 수는 없을 걸세. 하지만 우리가 안을 다스리는 방법을 천하로 확장하면 임금과 신하의 도를 사라지게 할 수 있을 정도지. 우리는 언제나 이 술법을 가지고 그대를 깨우치려고 했는데, 반대로 그대가 그러한 술법을 가지고 우리를 가르치려 하는군."

자산은 넋이 나가 답하지 못했다. 다른 날 이 사실을 등석에게 이야기하니 등석이 말했다.

"선생께서는 진인眞人과 살면서도 그들을 알아보지 못했군요. 누가 선생을 지혜로운 자라 하던가요? 정

나라가 다스려진 것은 우연일 뿐 선생님의 공이 아닙
니다."

3-11.
현명함은 다른 이의 능력을 알아주는 능력

(1)

열자가 말했다.

"혈색이 왕성한 자는 교만하고 기력이 왕성한 자는 힘 자랑을 하기 때문에 함께 도를 이야기할 수 없다. 그러므로 머리가 반백이 된 자가 아니라면 도를 말해도 실패하거늘 하물며 도를 행하라는 것이 통하겠는가? 따라서 힘을 자랑하게 되면 아무도 도를 말해 주지 않을 것이고, 그렇게 되면 고립되어 돕는 사람이 없게 된다.

그러나 현명한 사람들은 남에게 의지하기 때문에 늙어도 쇠하지 않고, 지혜가 다해도 혼란에 빠지지 않는다. 그러므로 나라를 다스리는 어려움은 현명한 사람들을 알아보는 데 있는 것이지 스스로 현명함에 있지 않은 것이다."

(2)

진秦나라 목공穆公이 말[馬] 전문가인 백락伯樂에게 말
했다.

"당신은 이제 늙었는데, 당신 자손 중에 말을 잘 고를
만한 자가 있는가?"

백락이 대답했다.

"좋은 말이란 몸의 모양과 근육과 골격을 보면 됩니
다. 천하의 명마는 사라진 듯, 숨겨진 듯, 없어진 듯,
잃어버린 듯합니다. 명마는 먼지도 날리지 않고 발
자국도 남기지 않는데, 제 자식들은 모두 재주가 시
원찮아서 좋은 말을 고를 수는 있어도 천하의 명마
를 고를 수는 없습니다. 제게 땔나무와 채소를 공급
해 주는 구방고九方皐라는 자가 있는데, 말에 대해 아
는 것이 저보다 못하지 않습니다. 그를 불러 만나 보
십시오."

목공이 그를 불러 말을 구해 오도록 하자 그가 석 달
만에 돌아와 보고했다.

"드디어 찾았습니다. 사구에 있습니다."

"어떤 말이던가?"

"암놈이고 누렇습니다."

목공이 사람을 시켜 말을 끌어오게 하니 수놈이고 검은 말이었다. 목공은 이를 불쾌하게 여겨 백락을 불러 이렇게 말했다.

"실패했네! 자네가 추천한 자에게 말을 구해 오라 했더니 말 색깔과 암수도 구별하지 못하거늘 어찌 말을 안다고 할 수 있는가?"

백락이 안도의 한숨을 쉬면서 말했다.

"결국 그리되었군요! 이것이 바로 그가 저보다 천만 배나 뛰어나고, 헤아릴 수 없을 정도로 앞서는 점입니다. 구방고가 본 것은 하늘의 기미입니다. 그는 말의 정수만을 파악하고 그 대강은 잊었으며, 그 안을 살피느라 겉모습은 지나친 것입니다. 그는 보아야 할 것을 보고, 보지 않아도 될 것은 보지 않았으며, 살펴야 할 것을 살피고, 살피지 않아도 될 것은 버려 두었습니다. 구방고가 말을 살펴보고 알아 낸 것은 그 말이 지니고 있는 귀중한 특징입니다."

말을 끌어와 자세히 살펴보니 과연 천하의 명마였다.

3-12.
너무 뛰어난 재주는 화(禍)를 부른다

진晉나라가 도둑으로 몸살을 앓고 있는데, 극옹郤雍은 도둑의 눈썹 언저리만 살펴도 속마음을 알 수가 있는 자였다. 진나라 제후가 그에게 도둑을 감시하게 하니 천백 번 중에 한 번도 어긋남이 없었다. 진나라 제후는 크게 기뻐하며 조趙나라 문자文子에게 말했다.

"나는 사람 하나를 얻어 온 나라의 도둑들을 없앴습니다. 많은 사람을 쓸 필요가 무에 있겠습니까?"

문자가 말했다.

"임금님께서는 이리 엿보고 저리 살피는 것으로 도둑을 잡았다지만, 도둑이 없어진 것은 아닙니다. 그리고 극옹은 분명 제 명에 죽지 못할 것입니다."

얼마 후 여러 도둑들이 모여 의논을 했다.

"우리가 궁지에 몰리게 된 것은 극옹 때문이다."

마침내 도둑들은 극옹을 죽여 버렸다.

이 이야기를 들은 진나라 제후는 놀라서 즉시 문자를 불러 말했다.

"과연 선생의 말대로 극옹은 죽임을 당했습니다. 도둑을 잡는 데 무슨 방법이 없을까요?"

문자가 말했다.

"주나라 속담에 '연못 속의 물고기까지 볼 수 있는 능력이 있는 사람은 상서롭지 못하고, 감추어진 것도 헤아릴 수 있을 정도로 지혜가 있는 사람은 재앙이 있다'고 했습니다. 그러니 임금님께서 도둑을 없애고자 하신다면 현명한 사람을 등용하여 그에게 일을 맡기는 것보다 좋은 방법은 없을 겁니다. 그렇게 하여 위로는 가르침이 밝혀지고 아래로는 교화가 행해지면 백성들이 수치스러운 마음을 갖게 될 것이니, 어찌 도둑질을 하겠습니까?"

이에 수회隨會를 등용하여 나라의 정치를 맡기자 여러 도둑들은 진秦나라로 도망가 버렸다.

3-13.
아는 것과 행하는 것

옛날에 죽지 않는 방법을 안다는 자가 있었다. 연나라 임금이 사람을 보내 그의 비법을 알아오도록 했다. 그러나 지름길로 빨리 가지 않은 탓에 그가 도착하기도 전에 죽지 않는 방법을 안다던 사람이 그만 죽고 말았다.

연나라 임금이 몹시 화가 나서 사자使者를 처벌하려 하자 임금의 총애를 받던 신하가 간언했다.

"사람들이 걱정하는 일 중에 죽음보다 더 절실한 것이 없고, 자기가 소중히 여기는 것 중에 삶보다 더 중한 것이 없습니다. 죽지 않는 비법을 아는 자도 삶을 잃었는데, 그가 어찌 임금님을 죽지 않게 할 수 있겠습니까?"

왕은 사자를 처벌하지 않았다.

제자라는 사람도 스승의 죽지 않는 도를 배우려 하다가 그가 죽었다는 말을 듣고는 가슴을 치며 한탄했다. 부자富子가 이를 듣고서 웃으면서 말했다.

"배우려 한 것은 죽지 않는 방법이었는데, 그 사람이 이미 죽었는데도 여전히 그것을 한탄하고 있으니 무엇을 배우려는 것인지 알지 못하는 사람이로다."

호자壺子가 말했다.

"부자의 말은 틀렸소. 사람이란 술법을 알고 있으면서도 그것을 행하지 못하는 사람이 있고, 행할 수는 있지만 그 술법을 알지 못하는 사람이 있소.

위나라 사람 중에 셈을 잘 하는 사람이 있었는데 죽음을 앞두고 그 비결을 아들에게 가르쳐 주었다 하오. 그의 아들은 비결을 기록해 두었으나 그대로 행하지는 못했소. 다른 사람이 셈하는 방법을 묻자 그는 자기 아버지가 가르쳐 준 대로 그에게 알려 주었소. 그런데 그가 그 말대로 했더니 그의 아버지와 다름이 없었다 하오. 그렇다면, 죽은 사람이라고 어찌 죽지 않고 사는 술법을 말할 수 없겠소?"

3-14.
진정한 배움은 근원으로 돌아가는 것

양자의 이웃 사람이 양을 잃어버리자 마을 사람들을
모으고 양자의 하인까지 빌려 양을 찾아 나섰다. 양
자가 말했다.

"어허! 양 한 마리를 잃었는데 어찌 찾아 나서는 사람
은 이렇게 많은가?"

이웃 사람이 대답했다.

"갈림길이 많기 때문입니다."

그들이 돌아오자 양을 찾았느냐고 물으니, 그가 대답
했다. "그놈은 잃어버렸습니다."

"어째서 잃어버렸다는 거요?"

"갈림길 속에 또 갈림길이 있더군요. 그런데 어디로
갈지를 몰라 결국 되돌아오고 말았습니다."

양자는 근심스러운 얼굴빛으로 한참을 아무 말도 하

지 않았고, 하루 종일 웃지도 않았다. 제자들이 그것을 이상하게 생각하고 여쭈어 보았다.

"양은 천한 짐승이고, 선생님의 것도 아닌데 말씀도 않으시고 웃지도 않으시니 어째서입니까?"

양자가 대답을 하지 않으니 문인들은 그 까닭을 알지 못했다. 제자 맹손양이 그 이야기를 심도자心都子에게 해주니 심도자가 다른 날 맹손양과 함께 들어가 양자에게 물어 보았다.

"옛날에 삼형제가 있었는데, 제나라와 노나라 지방을 노닐면서 같은 스승을 모시고 공부하여 인의仁義의 도를 터득한 후에 돌아왔다고 합니다. 그의 아버지가 인의의 도가 무엇인지 물었습니다. 맏형은 '인의란 우리로 하여금 자신을 사랑한 다음에야 명성을 추구하도록 하는 것입니다'라고 대답했습니다. 둘째는 '인의란 우리로 하여금 자기를 죽여서라도 명성을 이루라는 것입니다'라고 대답했습니다. 막내는 '인의란 우리가 자기 자신과 명성을 둘 다 온전히 지니도록 만드는 것입니다'라고 대답했습니다. 그들의 세 가지 방법은 서로 반대되는 것이지만 똑같이 유가로부터 나온 것입니다. 이중 어느 것이 옳고 어느 것이 그른 것입니까?"

양자가 말했다.

"어떤 사람이 황하 가에 살면서 물에 익숙해지니 헤엄치기에 자신이 있었지. 하여 배를 저어 사람들을 건네주는 것을 업으로 삼아 백 명의 식구를 먹여 살릴 만한 부자가 되었다네. 그러자 양식을 짊어지고 와서 배우겠다는 자들이 무리를 이루었는데 물에 빠져 죽는 이들이 거의 반이나 되었네. 그들은 본래 물에서 헤엄치기를 배우려던 것이지 물에서 빠져 죽기를 배우려 한 것이 아니었는데 이로움과 해로움이 이와 같았으니, 그대는 어느 것이 옳고 어느 것이 그르다고 생각하는가?"

심도자가 대답없이 나갔다. 그러자 맹손양이 그를 나무라며 말했다.

"그대의 질문은 어찌 그리 사리에 안 맞고 선생님의 답도 어찌 그리 괴팍한가? 더욱 심하게 헷갈리오."

심도자가 말했다.

"큰 길은 갈림길이 많아서 양을 잃게 되는 것처럼 배우는 자는 학문의 방법이 많아 삶을 잃게 됩니다. 배움은 본래 다르지 않아 그 근본이 하나지만 결과가 다른 것이 이와 같은 것입니다. 오직 같은 곳으로 돌아가 근원을 찾아야 득실이 없게 됩니다. 당신은 선생님 밑에서 선생님의 도를 익혔으면서도 선생님의 가르침을 깨닫지 못하고 있으니, 애석합니다!"

낭송Q시리즈 동청룡
낭송 열자

4부
상상 초월의 판타지아

4-1.
신인(神人), 지인(至人), 성인(聖人)

(1)

열고야산列姑射山은 해하주海河州 가운데 있다. 그 산 위에 신인神人이 있는데 바람을 마시고 이슬을 마실 뿐 곡식은 먹지 않았다. 마음은 깊은 샘물과 같았고 모습은 처녀와 같았다. 아끼지도 않고 사랑하지도 않았으니 신선과 성인이 그의 신하가 되었다. 두려워하지도 않고 성내지도 않으니 성실한 사람들이 그의 시중을 들었다. 베풀지도 돌보지도 않았는데 물질은 저절로 풍족했고, 모으지도 거두지도 않았으나 부족함이 없었다.

음과 양은 항상 조화를 이루고 해와 달은 항상 밝게 비추었다. 사계절은 순조로웠고 바람과 비는 언제나 일정했다. 생물의 번식은 언제나 때에 맞았고 곡식은 해마다 풍년이 들었다. 그리고 땅 위에는 질병이 없었고, 사람들은 일찍 죽는 불행이 없었다. 만물에는 질병이나 문제가 없었고, 귀신은 요사스런 소리를 내지 않았다.

(2)

열자가 관윤關尹에게 물었다.

"지인至人은 물속을 걸어도 숨 막히지 않고, 불길을 걸어도 뜨거워하지 않고, 높은 곳을 걸어도 두려워하지 않는다고 합니다. 어떻게 하면 이런 경지에 이를 수 있습니까?"

관윤이 말했다.

"그것은 순수한 기운을 지키기 때문이지 지혜와 기교와 과감한 용기 때문이 아닙니다. 앉으시지요. 제가 말씀드리겠습니다.

모양과 소리와 빛깔을 가진 것은 모두 물질입니다. 물질과 물질은 어떻게 서로 다르게 된 걸까요? 또 어떻게 하면 처음으로 돌아갈 수 있을까요? 물질은 현상일 따름입니다. 만물은 형체가 없는 것에서 만들어져서 변화가 없는 데서 그칩니다. 이 사실을 알고 그것을 궁구하는 자는 올바르게 될 수 있을 것입니다. 지나치지 않은 법도에 처하게 되고 끝없는 우주변화의 원리를 따라 몸을 보존하게 되어 만물이 시작되고 끝나는 곳에서 노닐게 된 것이죠. 그리하여 그의 본성을 하나로 하고 그의 기운을 기르고 그의 덕을 함양함으로써 만물이 만들어진 원리에 통하게 됩니다. 이런 사람의 천성은 온전히 지켜지고 그의 정신에는 틈이 없게 될 것이니 어찌 외물이 끼어들겠습니까? 술취한 사람은 빠르게 달리는 수레에서 떨어져도 죽지 않습니다. 뼈마디는 다른 사람들과 같지만 피해는 보통 사람들과 다르죠. 그의 기운이 완전하여 수레를 타는 것도 알지 못하고 떨어지는 것도 알지 못하기 때문입니다. 생사에 대한 급작스러운 두려움이 그의 가슴에 스며들지 않기 때문입니다. 그러므로 어떤 일을 당해도 두려워하지 않는 것입니다. 술에 의해 온전함을 얻은 사람도 이 정도인데, 천성에 의해 온전함을 얻은 사람은 어떻겠습니까? 성인聖人은 하늘에서 몸을 보존하기 때문에 외물이 그를 해칠 수 없습니다."

4-2.
목왕의 환상여행

주나라 목왕穆王 때 먼 서쪽 나라에서 한 요술쟁이가
왔다. 그는 물과 불에도 들어가고, 쇠와 돌을 꿰뚫으
며, 산과 냇물을 둘러엎고 성과 고을을 옮겼고, 공중
을 날아다녀도 떨어지지 않고, 사물에 부딪혀도 막히
지 않았다. 그의 천변만화하는 재주는 끝이 없어 사
물의 형태를 변화시키는 것은 물론 사람들의 생각까
지도 바꾸어 놓을 정도였다.

목왕은 그를 신처럼 공경하고 임금처럼 섬겼다. 그에
게 천자의 궁전을 내주어 살게 했고, 소와 양과 돼지
를 잡아 대접했으며, 여자 악단을 선발하여 즐겁게
해주었다. 그러나 요술쟁이는 임금의 궁전이 비루하
여 살 수 없다 하고, 왕이 하사하는 요리는 비린내와
노린내가 나서 먹을 수 없다 했으며, 임금의 여자들

은 냄새가 나고 못생겨서 가까이 할 수도 없다고 불평했다.

목왕은 그를 위해 다시 집을 지었는데, 튼튼한 자재로 기초공사를 하고, 붉고 흰 칠을 하여 화려하게 장식하도록 했다. 이 때문에 나라의 여러 창고가 텅 비게 된 다음에야 누대樓臺가 비로소 완성되었다. 그 높이는 천 길이나 되어 종남산보다도 높았으므로 '중천대'中天臺라 이름을 지었다. 정나라와 위나라의 처녀들 중에 예쁘고 날씬한 미녀를 골라 향수를 뿌리고 눈썹을 그리고 비녀를 꽂고 귀걸이를 달고, 얇은 비단 옷을 입히고 제나라의 흰 비단신을 신게 하고는, 흰 분을 바르고 검은 눈썹을 그리게 한 후 구슬 고리를 달게 했다. 향내 나는 풀을 모아 건물 안에 가득 채우고 황제黃帝, 제곡帝嚳, 순임금, 탕임금의 음악을 연주해 그를 즐겁게 했으며, 날마다 구슬 달린 옷을 바치고 아침마다 최고의 음식을 대접했다. 그런데도 요술쟁이는 만족하지 못하는 듯 마지못해 그것을 받는 것이었다.

얼마 지나지 않아 요술쟁이는 왕에게 함께 유람하기를 청했다. 왕이 요술쟁이의 소맷자락을 잡자 위로 치솟아 하늘 가운데 이르러서야 멈추었다. 그러고는 곧 그의 집에 이르렀는데 그곳은 금과 은으로 지어지고 진주와 구슬로 장식되었으며, 구름과 비보다 위에 솟아 있어서 아래쪽은 어디인지 알 수조차 없었고, 바라보면 마치 구름에 쌓인 듯했다. 귀와 눈으로 보고 듣는 것과 코와 입으로 냄새 맡고 맛보는 것이 모두가 인간 세상에 있는 것이 아니었다. 왕은 이곳이 천제의 궁전 같은 곳이고 그 음악은 천제의 음악 같은 곡조여서, 분명 거기가 천제의 거처일 거라 생각했다. 왕이 몸을 굽혀 내려다보니, 자신이 살던 궁전은 흙을 쌓고 거기에 땔나무를 얹은 것처럼 초라하기 그지없었다. 자신이 이런 곳에서 수십 년을 산다 하더라도 자기 나라 생각은 하지 않을 것 같았다.

요술쟁이가 또 함께 유람하기를 청하여 갔더니, 그가 이른 곳은 올려다보아도 해와 달이 보이지 않고 내려다보아도 강과 바다가 보이지 않는 곳이었다. 빛이 비쳤으나 왕은 눈이 부셔 쳐다볼 수 없었고 소리가 들려왔지만 귀가 울려 들을 수도 없었다. 뼈마디와 오장육부가 울려서 멈추지 않았고, 뜻과 정신이 어지러워 사라질 지경이었다. 왕이 요술쟁이에게 돌아가기를 청하자 요술쟁이가 그를 데려다 놓았는데 마치 허공에서 떨어지는 듯했다.

왕이 깨어나 보니 앉아 있는 곳은 조금 전 그곳이며 시중하는 사람들도 조금 전의 그들이었다. 앞에 놓인

술잔에는 술이 아직 맑게 가라앉지 않은 채였고 안주도 채 마르지 않은 그대로였다. 왕이 자신이 어디를 다녀왔느냐고 물으니 옆의 신하들이 말했다.

"임금께서는 가만히 계시기만 하셨습니다."

이로부터 목왕은 넋이 나갔다가 석 달 만에 회복되었다. 왕이 요술쟁이에게 물으니 그가 대답했다.

"저와 왕께서는 정신의 유희를 했던 것입니다. 몸이 어찌 움직였겠습니까? 또한 조금 전에 계시던 곳이 어찌 이 왕궁과 다른 곳이며 조금 전에 노닐던 곳이 어찌 왕의 정원과 다른 곳이었겠습니까? 왕께서는 일상에 익숙해져 잠시 동안 경험한 일에 대해서는 의심하고 계시니, 변화의 무궁함과 느리고 빠름의 간극을 어찌 헤아리실 수 있겠습니까?"

목왕은 매우 기뻐하며 나랏일도 돌보지 않고 신하나 첩들에게도 즐거움을 느끼지 않고 마음대로 먼 곳을 유람했다. 여덟 마리의 준마가 이끄는 수레를 마련하도록 명했는데, 안쪽 오른편 말은 화류였고, 왼쪽은 녹이였으며, 수레 바깥 쪽 오른편은 적기, 왼편은 백의였다. 왕의 수레는 조보가 몰았고, 태병이 오른쪽에서 보좌했다. 따르는 수레의 말들을 보면 안쪽 오른편은 거황, 왼편은 유륜이었으며, 바깥쪽 왼편은 도리였고, 오른편은 산자였다. 이 수레는 백요가 지

휘했고 참백이 몰았으며 분융이 보좌했다. 이렇게 천리를 달려 거수씨의 나라에 이르자 거수씨는 흰 따오기의 피를 왕에게 바치고, 소와 말의 젖을 준비해 놓고 왕과 수레를 몬 사람들의 발을 씻게 했다. 다 마신후 다시 길을 떠나 마침내 곤륜산 언덕 아래 적수의 북쪽 기슭에 묵게 되었다. 그리고 다음날 곤륜산 언덕에 올라 황제의 궁전을 구경하고 거기에서 하늘에 제사를 지내 후세에 전하도록 했다. 서왕모에게 찾아가 요지瑤池가에서 술을 마셨다. 서왕모는 왕을 위해 노래를 불렀고 왕도 답가를 불렀는데 그 노랫말이 애절했다. 그리고 해가 지는 곳을 보니 하루에 만 리 길을 달렸던 것이다. 왕은 이에 탄식하며 말했다.

"아, 나 한 사람의 덕이 충분하지 않은데도 이와 같은 즐거움을 누렸구나. 후세 사람들이 나의 허물을 기억하여 나무랄 것이로다."

목왕은 혹시 신인神人이었을까? 자신의 즐거움을 모두 누리고도 백 년이 지나 세상을 떠날 때, 세상 사람들은 그가 신선이 되어 하늘로 갔다고 생각했다.

4-3.
믿음의 힘

범씨范氏 집안에 자화子華라는 아들이 있는데, 아랫사
람들을 잘 거느려서 온 나라가 그에게 복종했다. 진
나라 임금에게 총애를 받아, 벼슬은 하지 않았지만
삼경三卿보다도 높은 위치에 있었다. 자화에게 조금
이라도 시선을 받은 자는 진나라에서 벼슬을 얻었고,
자화의 입에서 조금이라도 나쁜 소리가 나오는 자는
진나라에서 내쫓겼다. 그리하여 그의 집은 머무는 사
람들로 나라의 조정만큼이나 북적거렸다. 자화는 집
에 머무는 협객들에게 지혜와 힘을 겨루게 했는데 비
록 눈앞에서 상하거나 다친다 하더라도 조금도 개의
치 않았다. 종일토록 이처럼 장난하며 즐겨서 그런
일이 온 나라에 유행했다.
화생禾生과 자백子伯은 범씨 집의 중요한 손님이었는

데, 길을 나서서 성 밖의 교외를 지나다가 농사짓는 상구개商丘開의 집에 머물렀다. 화생과 자백은 자화의 권세가 능히 사람을 죽게 할 수도 있고 죽은 사람을 살려 낼 수도 있으며, 부자를 가난하게 할 수도 있고 가난한 사람을 부자가 되게 할 수도 있을 정도라고 이야기했다. 전부터 굶주림과 추위에 시달리던 상구개가 마침 창 북쪽에 숨어서 이 이야기를 듣고는 양식을 빌려 삼태기를 짊어지고 자화의 집으로 갔다. 자화의 집 무리들은 모두 귀족이라 비단옷을 입고 수레를 타거나 천천히 걸으며 거만하게 주위를 둘러보았다.

그런 그들은 늙고 힘없고 얼굴은 거무튀튀하고 의관도 허술한 상구개를 업신여겨 그를 괴롭히고, 놀리고, 밀치고, 때리며 못하는 짓이 없었다. 그럼에도 상구개는 언제나 성내는 표정조차 짓지 않았기에, 그를 놀리던 사람들은 이제 골리는 일에도 싫증을 내게 되었다. 어느 날 그들이 상구개와 함께 높은 누대에 올라 내키는 대로 말했다.

"누구든지 이 아래로 떨어질 수 있다면 상으로 백금을 주겠다."

사람들이 저마다 앞다투어 나서자 상구개는 정말로 그런 줄 알고 남보다 먼저 뛰어내렸다. 그런데 그 모습이 나는 새가 땅 위에 내려앉는 듯하여 살갗이며 뼈에 다친 데가 하나도 없었다. 그러나 범씨네 무리들은 그저 우연한 일이겠거니 생각하고 이상하게 여기지 않았다. 그러다 강물이 굽이치는 깊은 물굽이에서는 이렇게 말했다.

"저 속에 보배로운 구슬이 있는데 헤엄쳐 들어가면 얻을 수 있을 것이다."

상구개가 그 말대로 다시 물 속으로 뛰어들더니 나올 때는 과연 구슬을 가지고 나왔다. 여러 사람들은 그제야 모두 놀라 의아해했고, 자화 역시 비로소 그를 고기 먹고 비단 옷 입는 무리 속에 넣어 주었다.

얼마 후 범씨 집 창고에 큰 불이 나자 자화가 말했다.

"만약 불 속에 들어가 비단을 가져오는 사람이 있다면 꺼내 온 물건의 양에 따라 상을 주겠다."

상구개는 불 속으로 들어가면서도 어려워하는 기색이 없었고, 불 속에서 오가는데도 재가 눈앞을 가리지 않았고 몸도 그을리지 않았다. 범씨네 무리들은 상구개에게 도가 있을 거라고 생각하고는 모두 그에게 사과하며 말했다.

"우리는 선생께 도가 있는 줄도 모르고 선생을 속였고, 선생께서 신인神人인 줄도 모르고 선생을 욕보였습니다. 선생께서는 우리를 어리석다 여기셨을 것입

니다. 우리를 귀머거리라 여기고 장님이라 여기셨을
겁니다. 선생의 도를 묻습니다."

상구개가 대답했다.

"제게는 도가 없습니다. 제가 생각해 봐도 역시 그 이
유를 모르겠습니다. 그러나 한 가지를 말씀드리겠
습니다. 전에 선생의 손님 두 명이 제 집에 묵은 일
이 있는데, 그분들이 범씨네 권세를 칭송하는 이야기
를 들었습니다. 산 사람을 죽게 할 수도 있고, 죽은 사
람을 살려 낼 수도 있고, 부자는 가난하게 하고 가난
한 자는 부자가 되게 할 수 있다는 것이었습니다. 저
는 그것을 진실로 여기고 의심하는 마음이 없었습니
다. 그래서 먼 길을 마다 않고 찾아왔던 것입니다. 여
기에 와서도 그 선생들의 말을 모두 사실이라 여겼습
니다. 다만 그것을 진실로 믿지 못할까, 또 그것을 실
천하지 못할까 두려워 몸 둘 바를 몰랐고, 이로움이
나 해로움이 있는 것도 알지 못했으며, 그저 마음을
한결같이 하였습니다. 외물이 장애가 되지 않았던 것
은 그와 같았기 때문입니다. 지금에야 비로소 선생들
이 나를 속였음을 알게 되어 저의 마음속에 의심스러
운 생각을 품고, 밖으로는 보고 듣는 것을 조심하게
되었습니다. 그리하여 옛날에 불에 타지도 않고 물에
빠지지도 않았던 일을 요행이라 생각하니 갑자기 몸

안이 뜨거워지고 두려워졌습니다. 제가 어찌 다시 물
과 불을 가까이 할 수 있겠습니까?"

그 뒤로부터 범씨네 무리들은 길에서 거지나 마의馬
醫를 만나더라도 감히 욕보이지 않았고 반드시 수레
에서 내려 그에게 인사하였다.

재아宰我가 이 이야기를 중니仲尼: 공자에게 고하자 중
니가 말했다.

"너는 알지 못하느냐? 무릇 지극한 믿음을 가지고 있
는 사람은 만물을 감동시키고, 하늘과 땅을 움직이고
귀신을 감동시키니, 온 세상을 멋대로 나돌아 다녀도
거스르는 것이 없다. 비단 위험한 곳을 밟고 물과 불
에 들어가는 일뿐이겠느냐? 상구개는 거짓을 믿었는
데도 외물이 모두 거스르지 않았다. 하물며 상대방과
내가 모두 진실한 경우에야 어떻겠느냐? 너희들은
이 점을 잘 알아 두어라."

4-4.
우공이 산을 옮기는 법

태행산과 왕옥산은 사방 넓이가 칠백 리요, 높이는
만 길이다. 원래 기주冀州의 남쪽과 하양河陽의 북쪽
사이에 있었다. 북산에 사는 우공愚公은 나이가 아흔
살이 다 되어 가는데, 산을 마주하고 살고 있었다. 산
이 북쪽을 가로막아 출입할 때 돌아가야 하는 것을
불편하게 여겼던 그는 집안 사람들을 모아 놓고 의논
했다.

"너희들이 나와 함께 힘을 합해 험한 산을 평평하게
만들어 예주의 남쪽과 한수의 남쪽으로 곧장 다다르
게 하자. 알겠느냐?"

다른 사람들은 그 말에 동의했으나 그의 처만은 펄쩍
뛰며 이렇게 말했다.

"당신의 힘으로는 조그만 괴보산의 언덕조차 깎을

수 없는데, 태행산과 왕옥산 같이 높은 산을 어떻게 깎을 수 있습니까? 또 그 흙과 돌은 어디다 버리겠습니까?"

다른 식구들이 말했다.

"발해의 _끄트머리_에 있는 은토의 북쪽에다 버리면 되지요."

이리하여 마침내 우공은 자손들과 짐꾼 셋을 데리고 돌을 깨고 흙을 파서 삼태기에 담아 발해의 _끄트머리_ 쪽으로 날랐다.

이웃 경성씨 집안의 과부에게 유복자가 있었는데 겨우 이를 갈기 시작한 나이였으나 뛰어나와 이 일을 도왔다. 그들은 겨울이 가고 여름이 와서야 겨우 한 번 흙을 지고 갔다가 되돌아왔다. 하곡에 사는 지혜로운 노인이 그것을 보고 웃으면서 말렸다.

"자네는 너무도 어리석네그려! 다 늙어서 이제 살 날도 얼마 남지 않았는데, 그 힘으로는 산의 귀퉁이 하나 없앨 수 없거늘 어떻게 저 많은 흙과 돌을 치우겠다는 건가?"

북산의 우공은 긴 한숨을 쉬면서 말했다.

"당신의 마음은 참으로 어리석습니다. 과부의 어린 아들만도 못하군요. 비록 나는 죽는다 해도 내게는 자식이 있소. 내 자식은 손자를 낳을 것이고, 손자는 또 자식을 낳고 그 자식이 또 자식을 낳고 그 자식은 또 손자를 낳아, 이렇게 자자손손 이어지지만 산은 더 불어나지 않을 것이니, 어찌하여 평평해지지 않을 수 있겠습니까?"

하곡의 지혜로운 노인은 대꾸할 말이 없었다. 그런데 산과 바다를 관장하는 신이 이를 듣고서 우공이 그만두지 않을까 걱정하여 그 사실을 상제에게 고했다. 그의 정성에 감동한 상제는 과아씨네 두 아들을 시켜 두 산을 짊어지고 하나는 삭동으로 하나는 옹남으로 옮기게 했다. 이로부터 기주의 남쪽과 한수의 북쪽이 막힘없이 통하게 되었다.

4-5.
진기명기, 달인 퍼레이드

(1) 인형제작의 달인, 언사

주나라 목왕이 서쪽 지방을 순수巡狩: 임금이 나라 안을 두루 살피며 돌아다니던 일하다가 곤륜산崑崙山을 넘었는데, 엄산에는 가지 못하고 되돌아왔다. 중국 땅에 다다르기 전 어떤 사람이 '언사'偃師라는 장인을 바쳤다. 목왕은 그를 가까이 오도록 하여 물었다.

"그대는 무엇을 잘하는가?"

"무엇이든 명하시는 대로 해보겠습니다. 그러나 이미 만들어 놓은 것이 있으니, 바라건대 임금께서는 그것을 먼저 보아 주십시오."

"만든 것을 모두 가지고 오너라. 내가 너와 함께 그것을 한번 보겠다."

다음날 언사가 왕을 찾아 뵙자 왕이 그를 가까이 오

게 하여 물었다.

"그대와 함께 온 자는 어떤 사람들인가?"

"제가 만든 것으로, 노래하고 춤을 출 줄 아는 인형입니다."

목왕이 놀라며 그것들을 보니 움직이고 걸어 다니며 몸을 굽히고 젖히는 게 진짜 사람 같았다. 그 고개를 건드리면 음악에 맞춰 노래를 불렀고, 손을 들리면 장단에 맞춰 춤을 추니 천변만화하는 신기한 재주가 있었다.

왕은 그것을 진짜 사람이라고 생각하면서 미인들과 궁녀, 시첩들과 함께 그것을 구경했다. 그런데 다 끝나갈 무렵, 노래하던 인형이 눈을 깜박이면서 왕의 좌우에 있는 시첩들에게 추파를 던지자 임금은 매우 화를 내며 그 자리에서 언사를 죽이려 했다.

언사가 몹시 두려워하며 그 자리에서 노래하고 춤추던 인형의 몸을 부수어 왕에게 보여 주니 그 인형은 가죽과 나무를 아교로 붙이고 옻칠을 하고, 흰색·검은색과 붉은색·파란색으로 칠해서 만든 것이었다. 왕이 자세히 살펴보니 그 안에는 간과 쓸개, 심장, 허파, 지라와 콩팥, 위장 같은 내장이 있고, 밖에는 근육과 뼈와 팔다리와 관절, 피부의 털과 이빨, 머리카락까지 있었는데, 모두 가짜지만 갖추어지지 않은 기관이 하나도 없었다. 그것들을 다시 모아 맞추니 처음 보았던 인형처럼 되었다. 왕이 시험 삼아 그의 심장을 떼어내자 입으로 말을 하지 못했고, 간을 떼어내자 눈으로 보지 못했으며, 콩팥을 떼어내자 다리로 걷지 못했다. 목왕은 비로소 화를 풀고 감탄하며 말했다.

"사람의 정교함이 조물주와 같을 수가 있다니!"

그리고 명을 내려 두번째 수레에 그를 태우고 돌아왔다.

반수班輸는 구름사다리가 있고 묵적墨翟은 날아다니는 솔개를 만들었다. 그러면서 스스로 능력의 극치라고 말했다. 제자 동문고東門賈와 금골희禽滑釐가 언사의 기술에 대해 듣고서 두 선생님께 들려주자 두 선생님은 평생토록 재주에 대해서는 언급하지 않고 가끔 자를 집어들 뿐이었다.

(2) 활쏘기의 달인, 기창과 비위

감승甘蠅은 옛날에 활을 잘 쏘던 사람인데, 그가 활을 당기기만 해도 짐승들이 엎드리고 새들은 내려앉았다. 비위飛衛라는 자가 감승에게 활쏘기를 배웠는데 기교가 스승보다 더 나았다. 기창紀昌이라는 사람이 비위에게 활쏘기를 배우려 하자 비위가 말했다.

"자네는 먼저 눈을 깜빡거리지 않는 것부터 배우게. 그런 뒤에야 활쏘기를 말할 수 있네."

기창은 집에 돌아와 아내의 베틀 아래 누워 눈으로 베틀 채를 응시했는데, 2년 후에는 베틀 끝의 송곳이 눈동자로 떨어져도 눈을 깜빡이지 않게 되었다. 그 결과를 비위에게 가서 이야기하자 비위가 말했다.

"아직 멀었네. 다음에는 보는 훈련을 하게. 작은 것을 보더라도 큰 것처럼 보이고 희미한 것을 보더라도 뚜렷하게 보이게 된 후에야 나에게 오게나."

기창은 이를 잡아 털로 그 몸을 묶어 창에 매달아 놓고 남쪽을 향해 그것을 바라보았는데, 열흘이 지나자 점점 커지더니 3년 뒤에는 이가 수레바퀴만 하게 보이게 되었다. 그런 다음 물건들을 보니 모두 언덕이나 산처럼 크게 보였다. 그런 후 연나라에서 나는 짐승뿔로 만든 활에 먼 북쪽 지방 쑥대로 만든 화살을 구해서 이의 심장을 꿰뚫었는데, 이를 매단 줄은 끊어지지 않았다. 그 사실을 비위에게 고하자 비위는 기뻐서 가슴을 치며 말했다.

"자네가 드디어 터득했군!"

기창은 비위의 기술을 모두 익힌 뒤에 천하에 자기를 대적할 만한 사람은 딱 한 사람뿐이라고 생각했다. 하여 비위를 죽이려고 꾀하던 중, 들판에서 비위를 마주치게 되었다. 두 사람이 서로 활을 쏘니 화살촉이 공중에서 서로 부딪쳐 땅에 떨어지는데 먼지도 일어나지 않았다. 비위가 먼저 화살을 다 써 버렸고, 화살 하나가 더 남은 기창이 활을 쏘자 비위가 대추나무 가시로 그것을 막았는데 조금도 어긋남이 없었다. 이에 두 사람은 울면서 활을 내던지고 길바닥에서 서로 절하면서 부자父子가 될 것을 약속했다. 그리고 팔을 찔러 피로 맹세하며 다른 사람에게는 기술을 알려 주지 않기로 했다.

(3) 수레몰이의 달인, 조보

조보造父의 스승은 태두씨泰豆氏다. 조보가 처음 그에게 수레 모는 법을 배울 때 예를 갖추어 자신을 몹시 낮췄으나 태두는 3년 동안 알려 주지 않았다. 조보가 예를 더욱 깍듯이 지키자 그제야 태두씨가 말했다.

"옛 시에 말하기를 활을 잘 만드는 사람의 자식은 반드시 먼저 키를 만들고, 뛰어난 대장장이의 자식은 반드시 먼저 가죽옷을 만든다고 하였네. 자네는 먼저 나의 걸음걸이를 살펴보게. 나와 같이 걸을 수 있게 된 뒤라야 여섯 줄의 말고삐를 잡고 여섯 마리의 말을 몰 수 있게 될 걸세."

조보가 대답했다.

"그대로 따르겠습니다."

태두는 곧 나무를 세워 길을 만들었다. 겨우 발을 디딜 만한 굵기의 나무를 보폭에 맞춰 세우더니 그것을 밟고 왔다갔다 걸어 다니되 잘못 디뎌 떨어져서는 안 된다는 것이다. 조보는 연습 끝에 사흘 만에 기교를 모두 익혔다.

태두가 감탄하며 말했다.

"자네는 어쩌면 그토록 민첩한가? 재주를 터득하는 게 참으로 빠르구면! 수레를 모는 일도 이와 같다네. 조금 전에 그대의 걸음걸이를 보니 발이 이미 터득하였고 마음이 그에 응했네. 이로써 수레 모는 일을 미루어 보면, 고삐와 재갈 끝으로 수레를 가지런히 모으고 말 입김의 조화를 따라 완급을 조절하고, 마음속으로 절도를 바로잡아 고삐를 쥔 손으로 수레를 조종하되, 안으로는 마음속에서 터득하고 밖으로는 수레를 끄는 말의 뜻과 합치해야 하는 것이네. 그러므로 나아가고 물러날 때는 먹줄을 밟듯 곧게 움직이고, 돌아갈 때는 곱자에 맞게 움직이니 길을 나서서 멀리 가더라도 기운이 남게 되는 것일세. 이렇게 되면 진실로 기술을 터득한 셈이지.

먼저 말 재갈에서 터득하여 고삐와 호응하도록 하며, 고삐에서 터득하여 손과 호응하도록 하며, 손에서 그것을 터득하여 마음과 호응하도록 한다면, 눈으로 보지 않고 채찍질하지 않아도 수레는 달려가게 되어 있다네. 마음은 한가롭고 몸은 반듯하여 여섯 줄의 고삐가 어지러워지지 않고, 스물 네 개의 말발굽은 땅에 닿는 것이 어긋남이 없으며, 돌고 나아가고 물러섬이 모두 절도에 맞게 될 것이야. 그러한 뒤에야 수레바퀴 밖으로 잘못 나는 바퀴 자국이 없게 될 것이며, 말발굽이 밖으로 잘못 디디게 되는 일이 없을 것이네. 그리하여 산골짜기의 험한 곳이든 들판처럼 평평한 곳이든 똑같이 여기게 될 걸세. 나의 기술은 이게 전부라네. 그대는 이것만 잘 기억해 두게."

(4) 수술의 달인, 편작

노나라 공호公扈와 조나라 제영齊嬰 두 사람이 병이 나서 편작扁鵲을 데려다 함께 치료를 받았다. 편작은 그들을 치료하여 병을 고쳐 준 다음에 두 사람에게 말했다.

"그대들이 전에 앓은 병은 밖에서 들어와 내장을 괴롭힌 것이므로 약과 침으로 고칠 수 있었습니다. 그런데 지금 다시 평생의 병이 생겨 몸과 함께 자라고 있습니다. 지금 당신들을 위해 고쳐 주려고 하는데 어떻습니까?"

두 사람이 말했다.

"먼저 그 효과를 말씀해 주시지요."

편작이 공호에게 말했다.

"당신은 뜻은 강한데 기가 약합니다. 그러므로 일을 꾀하는 데에는 충분하나 결단력이 부족합니다. 제영은 뜻은 약하나 기가 강합니다. 그러므로 생각이 깊지 않아 제멋대로 행동하다 상처받게 될 것입니다. 만약 당신들의 심장을 바꾼다면 둘 모두 훌륭해질 것입니다."

편작은 마침내 두 사람에게 독한 술을 먹여 사흘 동안 혼수상태에 빠지게 하고 가슴을 열어 심장을 바꾸어 놓았다. 그리고 신묘한 약을 쓰니 전과 같이 깨어나서 집으로 돌아갔다.

심장이 바뀐 공호가 제영의 집으로 가니 그의 처자들이 그를 알아보지 못했다. 제영도 공호의 집으로 돌아가니 역시 처자들이 그를 알아보지 못했다. 두 집 안에서는 이 일로 소송을 하게 되어 편작에게 사실을 가려 주기를 원했다. 편작이 그렇게 된 까닭을 설명해 주자 소송은 끝이 났다.

4-6.
복수를 한 것도 아니고
안 한 것도 아니고

위魏나라 흑란黑卵이 사사로운 혐의를 씌워 구병장丘邴章을 죽였다. 구병장의 아들 내단來丹은 아비의 원수를 갚으려 했지만 그는 사나운 기질과 달리 몸은 너무 나약해서 쌀알을 세어 먹고 바람이 부는 방향을 따라 걸어 다닐 정도였다. 때문에 화가 나도 무기를 들고 보복할 수 없었다. 그러나 남의 힘을 빌리는 것은 수치라 여기고 자기 손으로 직접 칼을 들고 흑란을 죽이겠다고 맹세했다.

반면 흑란은 사납기가 비길 데 없는 성격에다 힘은 백 사람을 대적할 만했다. 근육과 뼈와 피부와 살이 보통 사람의 것이 아니어서 목을 빼어 칼날을 받고 가슴을 헤치고 화살을 맞아도 칼날과 살촉이 부러지고 굽을 뿐 그의 몸에는 흔적조차도 남지 않았다. 그는 자기의 재능과 힘을 믿고 내단을 마치 병아리나 어린 새 보듯 했다.

내단의 친구 신타申他가 말했다.

"그대는 흑란을 지극히 원망하고 있는데 흑란은 그대를 지나치게 가벼이 여기고 있네. 장차 어떤 수를 쓰려 하는가?"

내단이 눈물을 흘리면서 대답했다.

"제발 자네가 나를 위해 꾀를 내주게나."

신타가 말했다.

"내가 듣건대 위나라 공주가 그의 조상이 은나라 임금에게서 얻은 보검을 가지고 있는데, 아이라도 그것을 지니고 있으면 많은 군대의 병력을 물리칠 수 있다더군. 그것을 빌리는 게 어떻겠는가?"

내단은 마침내 위나라로 가서 공주를 뵙고, 노복으로서의 예를 갖추어 자신의 처자를 인질로 바친 후에 원하는 바를 말했다. 공주가 답했다.

"내게는 세 개의 칼이 있으니 선생께서 선택을 하십시오. 그러나 어느 것도 사람을 죽일 수는 없는 것입니다. 먼저 그 모양을 설명드리지요. 첫째는 함광含光이라 부르는 칼인데, 그것은 보아도 보이지 않고 그것을 가지고 다녀도 가지고 있는지를 알지 못합니다. 그것이 닿아도 아무런 감촉이 없으며 무엇을 잘

라도 잘렸다는 사실을 깨닫지 못합니다. 둘째는 승영
承影이라 부르는 칼인데, 날이 밝아오는 이른 새벽이
나 해가 저무는 저녁 무렵에 북쪽을 향해 들고 서서
살피면 말갛게 어떤 물건이 있는 것처럼 보이지만 그
모양은 알 수 없습니다. 그것이 닿으면 가늘게 소리
가 나며 어떤 물건을 자르더라도 잘린 물건은 아픔을
느끼지 못합니다. 셋째는 소련宵練이라는 칼인데, 한
낮에는 그림자만 보이고 빛은 보이지 않으며, 한밤중
에는 빛만 보이고 형체는 보이지 않습니다. 그 칼이
물건에 닿으면 갈라졌다가 칼이 지나가는 즉시 다시
합쳐지며 아픔은 느끼되 칼날에 피도 묻지 않습니다.
이 세 가지 보물은 십삼 대 동안 전해 내려온 것입니
다. 그러나 어떤 일에도 써 본 적 없이 칼집에 넣어서
보관하기만 하고 열어 본 일조차 없습니다."
내단이 말했다.
"비록 그렇더라도 저는 세번째 것을 빌리고자 합니
다."
그러자 공주는 그의 처자들을 돌려보내고 함께 칠 일
동안 재계한 다음, 늦은 저녁 때 무릎을 꿇고 앉아 세
번째 칼을 내주었다. 내단은 두 번 절한 후 그것을 받
아 가지고 돌아왔다. 마침내 내단은 칼을 들고 흑란
의 뒤를 쫓았다. 흑란은 마침 술에 취해 창 아래 누워

있는데, 내단이 소련으로 흑란을 목부터 허리까지 세 동강을 내었으나 흑란은 알지 못했다. 내단은 흑란이 죽었다 생각하고 서둘러 나오다가 흑란의 아들을 문에서 만나 그를 세 번 내리쳤는데, 다른 이가 보기에는 마치 허공을 긋는 듯했다. 흑란의 아들이 웃으며 이렇게 말했다.

"너는 어찌하여 바보처럼 나에게 세 번이나 손짓을 하는가?"

내단은 그 칼로는 사람을 죽일 수 없다는 것을 알고 탄식하며 돌아왔다.

그런데 술에서 깬 흑란이 그의 처에게 화를 내며 말했다.

"내가 취해서 누워 있는데도 그냥 내버려 두어, 내가 목병과 허릿병이 나지 않았는가!"

그러자 그의 아들이 말했다.

"조금 전에 내단이 오는 것을 문에서 만났는데 세 번이나 손짓해서 저를 불렀습니다. 저 역시 몸이 아프고 사지가 뻣뻣해집니다. 그놈이 우리를 저주한 것일까요?"

4-7.
이상한 나라의 기묘한 풍습

(1)

서쪽 끝 남쪽 귀퉁이에 한 나라가 있었다. 그 경계의 끝을 알 수 없지만 '고망古莽의 나라'라 한다. 음양의 기운이 교차하지 않으므로 추위와 더위의 구별이 없었고, 해와 달이 비추지 않으므로 낮과 밤의 구별도 없었다. 그 나라 백성들은 먹지도 입지도 않고 잠만 자는데, 오십 일에 한 번 깨어난다. 그들은 꿈속에서 본 것을 사실로 여기고 깨어나서 본 것을 허망하다 여겼다.

사해 가운데는 '중앙의 나라'라고 하는 곳이 있는데, 황하의 남북에 걸쳐 있고 태산의 동서로 뻗어 있어 만 리에 이른다. 거기에는 음양을 헤아리는 법도가 있으므로 추위와 더위가 번갈아 있고, 어둡고 밝음의 구별이 분명했으므로 낮과 밤이 번갈아 나타난다. 그 나라 백성들 중에는 지혜로운 이도 있고 어리석은 이도 있었으며, 만물이 잘 자라고 번식하고 사람들은 여러 가지 재주를 지니고 있었다. 임금과 신하가 서로 직분에 맞게 행하고 예법에 따라 서로를 대했으며, 그들이 말하고 행동하는 것은 이루 다 말할 수 없다. 그들은 깨고 자는 것이 반복되어 깨어서 행동한 것은 사실이고 꿈속에 본 것은 허망한 것이라 여겼다.

동쪽 끝 북쪽 귀퉁이에 또 한 나라가 있었는데 '부락 阜落의 나라'라 부른다. 그곳 땅 기운은 항상 따뜻하나 해와 달이 남은 빛만을 비추었으므로 좋은 곡식이 자라지 않았다. 그곳 백성들은 풀뿌리와 나무 열매를 먹고 살았으며, 불에 익혀 먹을 줄 몰랐다. 천성이 거세고 사나워서 강한 자와 약한 자들이 서로 다투어 이기는 것을 귀하게 여기고 의로움은 숭상하지 않았다. 많이 달리고 걷고 하면서도 쉬는 일은 매우 적었고, 언제나 깨어 있을 뿐 잠은 자지 않았다.

(2)

남쪽 나라 사람들은 머리를 짧게 깎고 벌거숭이로 살고, 북쪽 나라 사람들은 머리에 갈건을 쓰고 가죽옷을 입으며, 중원사람들은 관을 쓰고 치마를 입는다.

구주九州 안에서 나는 물자는 농사를 지어 나오기도 하고, 장사를 해서 나오기도 하고, 사냥이나 고기잡이를 해서 얻기도 한다. 겨울에는 가죽옷을 입고 여름에는 칡으로 짠 옷을 입으며, 물에서는 배를 타고 뭍에서는 수레를 탄다. 이는 말 없이도 터득한 것이며 본성에 따라 이뤄진 것이다.

월越나라 동쪽에 '첩목'輒木이란 나라가 있다. 거기 사는 사람들은 맏아들을 낳으면 그대로 잡아 먹으면서 그래야 '다음에 태어날 아우에게 좋은 일'이라고 말한다. 또, 할아버지가 죽으면 할머니를 업어 내다버리면서 "귀신의 처와는 함께 살 수 없다"고 말한다.

초楚나라의 남쪽에는 '염인'炎人이란 나라가 있다. 그들은 부모가 죽으면 그 살을 발라내서 버리고 뼈를 추려 묻어 주어야 효자라 여긴다.

진秦나라의 서쪽에는 '의거'儀渠란 나라가 있다. 그들은 부모가 죽으면 장작을 쌓아 놓고 시체를 태우는데, 타는 연기가 올라가면 그것을 '등하'登遐한다고 말했으며 그래야 효자라 여긴다.

이런 것들을 바탕으로 임금은 나라를 다스렸고 백성들은 그것을 풍속이라 여겼는데, 딱히 이상하게 여길 것도 없다.

(3)

우임금이 물과 땅을 다스리다가 잘못하여 길을 잃고 북해의 북쪽 바닷가를 따라갔는데, 중원으로부터 몇 천만 리나 떨어져 있는지 알 수 없었다. 그 나라의 이름은 '종북'終北이었고 경계가 끝나는 곳을 알 수가 없었다. 바람과 비와 서리와 이슬이 없었고, 새와 짐승과 벌레와 물고기와 풀과 나무도 살지 못했다. 사방은 모두 평평하고 주위로는 높은 산이 있었다. 나라 한가운데에도 산이 있는데 산 이름은 '호령'壺領으로, 산 모양이 입구가 좁은 항아리 같았다. 꼭대기에는 굴이 있는데 모양은 둥근 고리 같았으며 이름을 '자혈'滋穴이라 했다. 거기에서 솟아나는 물은 '신의 샘물'로, 샘물에서는 난초나 산초보다 좋은 향기가 났고 맛은 막걸리나 단술보다도 더 좋았다. 하나의 샘물이 네 갈래로 갈라져서 산 아래로 흘러내려 온 나라를 두루 흘러 물길이 거치지 않는 데가 없었다.

땅 기운은 잘 조화되어 병으로 죽는 자가 없었다. 사람들의 성질은 부드러워 일과 사물에 따르며 다투거나 싸우지 않았으며, 마음은 부드럽고 뼈는 약하여 교만하지도 않고 꺼리는 것도 없었다. 어른과 아이들이 함께 어울려 살았고, 임금도 신하도 없었다. 남자와 여자가 어울려 놀지만 중매도 하지 않고 결혼도 하지 않았다. 물가에 살면서 농사도 짓지 않았고, 땅 기운이 따스하고 알맞아 길쌈도 하지 않고 옷도 입지 않았다. 백 년을 살다 죽는데 요절하지도 않고 병들 지도 않았다.

이곳 사람들은 번성하여 인구가 많았으며, 기쁨과 즐 거움은 있어도 쇠약해지거나 늙고 슬프고 고통스러 운 것은 없었다. 음악을 좋아하며 서로 어울려 차례 로 노래하며 하루 종일 풍악이 끊이지 않았다. 배고 프거나 고단하면 신의 샘물을 마셨는데, 그러면 힘과 정신이 조화되어 편안해지지만 지나치게 마시면 취 하여 열흘이 지나서야 깨어났다. 신의 샘물로 목욕을 하면 살갗이 기름지고 반들반들 윤기가 났고 향기도 열흘이나 지속되었다.

주나라 목왕이 북쪽으로 유람을 하다가 그 나라를 지 나게 되었는데, 삼 년이 되도록 돌아갈 것을 잊었다. 주나라 황실로 돌아온 뒤에도 그 나라를 그리워하며 멍하니 스스로를 잊은 채 술과 고기도 먹지 않고 부 인과 궁녀들을 가까이하지 않다가 수개월이 지난 뒤 에야 회복되었다.

관중도 제나라 환공에게 권하여 요구遼口를 유람하다 가 함께 종북 나라로 떠날 차비를 했다. 이때 습붕이 간하여 말했다.

"임금님에게는 제나라의 넓은 땅과 수많은 백성들이 있고, 아름다운 산천과 풍성한 생물, 성대한 예의와 화려한 예복, 궁전을 가득 채운 미인과 조정을 가득 채운 충성스런 신하들, 소리치면 따르는 백만의 군사와 지휘를 하면 명을 받드는 제후들도 있습니다. 그런데 이러한 것들을 버려 두고 어찌하여 그들을 부러워하는 것입니까? 어찌하여 제나라의 사직을 버리고 오랑캐 나라를 찾아가려 하시는 겁니까? 관중이 늙어서 그런다 하더라도, 어째서 그를 따르려 하십니까?"

이에 환공은 출발을 중지하고 습붕의 말을 관중에게 전하니 관중이 말했다.

"이는 진실로 습붕이 알 수 있는 것이 아닙니다. 저는 그 나라가 알려지지 않을까 걱정입니다. 제나라의 부유함에 어찌 연연하겠습니까? 습붕의 말을 가지고 어째서 고민하십니까?"

4-8.
모습은 제각각 달라도,
삶은 그 자체로 완전한 것

탕이 하극에게 물었다.

"사물에는 크고 작은 것이 있습니까? 길고 짧은 것이
있습니까? 같은 것과 다른 것이 있습니까?"

하극이 대답했다.

"발해의 동쪽으로 가면 몇 억만 리나 떨어져 있는지
는 알 수 없지만 거기에 큰 골짜기가 있다고 합니다.
실로 끝이 없는 골짜기로, 그 아래엔 바닥이 없으므
로 그곳을 귀허歸墟라 합니다. 온 세상의 하늘과 들판
의 물과 은하수의 물이 모두 그곳으로 흘러들지만,
물은 늘지도 줄지도 않습니다. 그 가운데 다섯 개의
산이 있는데 첫째는 대여岱輿요, 둘째는 원교員嶠요,
셋째는 방호方壺요, 넷째는 영주瀛洲요, 다섯째는 봉래
蓬萊입니다. 그 산들은 높이와 둘레가 삼만 리요, 그

꼭대기에는 사방 구천 리 넓이의 평지가 있습니다. 산과 산 사이 거리는 칠만 리인데, 그곳 사람들은 거기에 서로 이웃해서 살고 있습니다. 그 위의 누각과 궁전은 모두 금과 옥으로 만들어져 있고 그 위에 사는 새와 짐승들은 모두 하얗습니다. 옥과 진주로 된 나무들은 무더기를 이루고 있고, 그 꽃과 열매는 모두 맛이 있어서 그것을 먹으면 늙지도 죽지도 않습니다. 거기 사는 사람들은 모두가 신선과 성인의 무리입니다. 낮이나 저녁에 날아다니며 서로 왕래하는 사람들을 이루 헤아릴 수 없을 정도입니다.

그런데 다섯 산의 뿌리는 이어지거나 붙어 있지 않아 항상 조류와 파도를 따라 떠돌면서 오르락 내리락 잠시도 머물러 있지 않습니다. 신선과 성인들이 이를 근심하여 그 사실을 천제에게 호소했습니다. 그 섬들이 서쪽 끝으로 흘러가 여러 성인들이 살 곳을 잃지 않을까 걱정한 천제는 곧 우강禺彊에게 명하여 큰 자라 열다섯 마리로 하여금 머리로 그것들을 이고 있도록 했습니다. 다섯 마리씩 세 짝을 지어 육만 년에 한 번씩 교대를 하니, 다섯 산은 비로소 안정되어 움직이지 않게 되었습니다. 그런데 용백 나라에 어떤 거인이 발을 들어 몇 걸음 걷더니 다섯 산이 있는 곳에 이르렀습니다. 그는 낚싯대 하나로 자라 여섯 마리를

주루룩 낡아서 모두 짊어지고는 서둘러 자기 나라로
돌아가 그것을 구워 그 뼈를 태우며 점을 쳤습니다.
이에 대여산과 원교산이 북극으로 흘러가 큰 바다에
가라앉아 버려 거기에서 옮겨 나온 신선과 성인이 수
억에 이를 정도였습니다. 이에 천제가 크게 노하셔서
용백의 나라를 줄여서 작게 만들고 용백 사람들 역시
작게 만들었습니다. 그런데도 복희와 신농 때까지 그
나라 사람들은 키가 수십 길이나 되었답니다.

그런가 하면, 중원에서 동쪽으로 사십만 리를 가면
'초요국'이라는 난쟁이 나라가 있는데, 사람의 키가
한 자 다섯 치고 동북쪽 끝 지방에 사는 '쟁'諍 사람들
은 키가 아홉 치라 합니다. 또 초나라의 남쪽에는 '명
령'이란 나무가 있는데 오백 년을 봄으로 삼고 오백
년을 가을로 삼으며, 오랜 옛날의 '대춘'이란 나무는
팔천 년을 봄으로 삼고 팔천 년을 가을로 삼습니다.
하지만 썩은 흙 위에 나는 작은 버섯은 아침에 나서
저녁에 죽고, 봄 여름 동안에만 사는 하루살이는 비
가 내리면 생겨났다가 햇빛을 보면 죽습니다.

북쪽의 끝에는 명해溟海가 있는데 이름을 '천지'라 합
니다. 거기에 물고기가 사는데 그 넓이가 수천 리요,
길이는 넓이만큼 길며, 그 이름을 '곤'이라 합니다. 또
거기에 새가 있는데, '붕'이라는 이 새의 날개는 마치

하늘에 드리운 구름과 같고 그 몸은 날개만큼 큽니다. 세상 사람들이 어찌 이런 사물이 있다는 것을 알겠습니까? 위대한 우임금께서 다니다가 그것들을 발견하시고, 백익伯益이 그것을 알아내어 이름을 붙였고, 이견夷堅이 그것을 듣고 기록한 것입니다.

강포 지방에는 작은 벌레가 사는데 그 이름은 '초명' 焦螟입니다. 얼마나 작은지, 떼를 지어 날아다니다가 모기의 눈썹에 모여 앉아도 몸이 서로 닿지 않고, 모기 눈썹 위에 머물며 들락날락해도 모기가 그것을 알지 못합니다. 이주離朱와 자우子羽 같은 눈 밝은 사람이 대낮에 눈을 닦고 눈썹을 추켜올리며 바라본다 하더라도 그 모습이 보이지 않으며, 치유와 사광師曠 같은 귀 밝은 사람이 한밤중에 귀를 곤두세우고 들으려 해도 그들의 소리를 들을 수 없습니다. 오로지 황제와 용성자가 함께 공동산 위에 머물면서 석 달 동안 재계하여 마음을 비우고 몸을 잊은 다음 천천히 정신을 집중해서 보아야 그것이 숭산의 언덕처럼 크게 드러나 보입니다. 그리고 다시 기운을 모아 들으면 우레 소리처럼 쿵쿵거리는 소리를 들을 수 있습니다.

오나라와 초나라에는 큰 나무가 있는데 그 이름이 '유자'입니다. 언제나 푸른 나무로 겨울에도 자라고 열매는 붉고 맛은 신데, 그 껍질의 즙을 내어 먹으면

분노와 천식 계통의 병을 고칠 수 있다 합니다. 때문에 중원 땅에서는 그것을 진귀하게 여기지만 회수를 건너서 북쪽으로 오면 유자가 탱자로 변하고 맙니다. 또 구욕새는 제수濟水를 건너지 않고, 담비는 문수汶水를 건너면 죽는다고 합니다. 이 모두 땅의 기운이 그러한 것입니다. 비록 형체와 기질은 다르다 해도 성질은 같아서 서로 바꿀 수 없는 것입니다. 삶은 모두가 완전하고, 분수는 모두에게 충족되고 있습니다. 그러하니 제가 어떻게 크고 작음을 알겠습니까? 어떻게 길고 짧음을 알겠습니까? 또 어떻게 같고 다름을 알겠습니까?"

4-9.
현실이 꾸는 꿈, 꿈이 꾸는 현실

(1)

깨어 있는 것에는 여덟 가지 징조가 있고, 꿈을 꾸는 것에는 여섯 가지 징후가 있다.

무엇을 여덟 가지 징조라 하는가? 일, 행동, 얻음, 잃음, 슬픔, 즐거움, 삶, 죽음이다. 이 여덟 가지 징조는 육체가 접하여 생기는 것이다.

무엇을 여섯 가지 징후라 말하는가? 정상적인 꿈, 놀라 깨는 꿈, 무엇인가 생각하는 꿈, 깨어 있으면서 꾸는 꿈, 기쁜 꿈, 두려운 꿈이다. 이 여섯 가지 징후는 정신이 접하여 생기는 것이다.

감각에 의해 변화가 일어남을 알지 못하는 사람은 어떤 일이 생기면 그것이 그렇게 된 까닭을 알지 못한다. 감각에 의해 변화가 일어남을 아는 사람은 어떤 일이 생겼을 때 그것이 그렇게 된 까닭을 알 수 있다. 그 일이 그렇게 된 까닭을 안다면 놀라는 일은 없을 것이다.

한 물체가 차고 비고 없어지고 생기는 것은 모두가 천지에 통하고 여러 가지 사물에 응한다. 그러므로 음기가 강하면 큰 물을 건너면서 두려워하는 꿈을 꾸고, 양기가 강하면 큰 불 속을 지나면서 불에 데는 꿈을 꾼다. 음과 양의 기가 모두 강하면 남을 살려 주거나 죽이는 꿈을 꾼다. 배부를 때는 남에게 주는 꿈을 꾸고, 배고플 때는 남의 것을 빼앗는 꿈을 꾼다. 또 마음이 들뜨고 허한 사람은 날아오르는 꿈을 꾸고, 마음이 가라앉고 지나치게 성실한 사람은 물에 빠지는 꿈을 꾼다.

또 허리띠를 깔고 자면 뱀 꿈을 꾸고, 날아가던 새가 와서 머리카락을 물면 날아다니는 꿈을 꾼다. 날씨가 음산해지면 꿈에 불을 보고, 병이 나려 할 때는 음식을 먹는 꿈을 꾼다. 꿈에 술을 마시면 우환이 있고, 꿈에서 노래하고 춤추면 곡哭을 하게 된다.

열자가 말했다.

"정신이 만나 꿈이 되고 육체가 접해서 일이 된다. 그러므로 낮에 생각하고 밤에 꿈을 꾸는 것은 정신과 육체가 각기 접하는 것이 있기 때문이다. 따라서 정신이 안정된 사람은 생각과 꿈이 자연히 없어진다. 진실로 깨어 있을 때는 말로 다 할 수 없고, 진실로 꿈꿀 때도 모두 통달할 수 없음은 만물이 변화하여 끊임없이 왕래하기 때문이다. 옛날 진인은 깨어 있을 때도 스스로를 잊었고 잘 때도 꿈꾸지 않는다 했는데, 이 어찌 헛된 말이겠는가?"

(2)

주나라 윤씨가 재산을 크게 불리느라 그 밑에 일꾼들은 아침저녁으로 쉬지도 못했다. 그중 한 늙은 일꾼은 근력이 다했는데도 더욱 고되게 일을 시켰다. 그는 낮에는 숨을 몰아 쉬면서 일을 하고 밤이 되면 심신이 지쳐 곯아떨어졌다. 정신이 황폐하고 산란해진 채로 잠이 들어 꿈을 꾸었는데, 꿈속에서 그는 임금이 되어 나랏일을 총괄했다. 궁전에서 놀며 잔치하고, 바라는 일을 마음대로 하니, 그의 즐거움은 비길 데가 없었지만, 깨어나면 또다시 일을 해야 했다. 어떤 사람이 그의 고생을 위로하자 그가 말했다.

"인생은 백 년이라지만 낮과 밤이 있습니다. 나는 낮이면 하인이 되어 고생할 대로 고생을 하지만, 밤이면 남들의 임금이 되어 그 즐거움은 비길 데가 없으니 무엇을 원망하겠습니까?"

반면, 주인 윤씨는 마음으로는 세상일을 경영하지만 생각은 집안일에서 벗어날 수 없었다. 마음과 몸이 다 같이 피로하여 지쳐 곯아떨어졌는데, 남의 하인이 되어 이리저리 뛰어다니며 온갖 일을 하는 꿈을 꾸었다. 욕을 먹고 매질을 당하면서 온갖 고초를 다 겪느라 잠을 자면서 헛소리를 하고 신음소리를 내다가 아침이 되어서야 벗어났다. 윤씨가 근심하며 벗을 찾았다. 그러자 벗이 말했다.

"그대의 지위는 그대의 일신을 영화롭게 하기에 충분하고, 재산에 여유가 있으니 남들보다 훨씬 낫지 않은가? 그런데 밤에는 하인이 되는 꿈을 꾸어 괴로움과 편안함이 반복되니 이것은 정상적인 이치라네. 그대는 깨어 있을 때나 꿈꿀 때나 모두 편안하려 하지만, 어찌 그것이 가능하겠는가?"

윤씨가 그의 말을 듣고는 일꾼들에게 관대하게 대해 주고 자신이 고민하던 일을 덜어내자 병이 조금씩 나아졌다.

(3)

정나라의 어떤 사람이 들에서 나무를 하다가 놀라 도망치는 사슴을 때려잡았다. 사슴이 죽자 남이 볼까 두려워 엉겁결에 구덩이 속에 넣고 나뭇가지로 덮어 놓았다. 하지만 너무 기쁜 나머지 어느 구덩이에 감추어 두었는지를 그만 잊고 말았다. 그는 이게 다 꿈이었다고 생각하면서 돌아오는 길에 그 일을 중얼거렸다. 그때 마침 옆에서 그 말을 들은 사람이 그의 말대로 찾아가 사슴을 발견하고 집으로 가져와서는 아내에게 말했다.

"조금 전에 나무꾼이 사슴을 잡는 꿈을 꾸었는데 그것을 놓아 둔 곳을 알지 못하겠다고 중얼거리더군. 내가 그의 말을 따라가 보았더니 진짜 사슴이 있더라구. 그래서 주워 왔지. 그는 아마 사실대로 꿈을 꾸는 사람일 거야."

그의 아내가 말했다.

"나무꾼이 사슴을 잡았다는 당신의 꿈이 사실이 아닐까요? 어떻게 그런 꿈을 꾸는 나무꾼이 있겠어요? 지금 정말로 사슴을 찾아왔으니 당신 꿈이 사실인 거예요."

남편이 말했다.

"내가 그 사람 말을 근거로 사슴을 얻었는데, 어째서 그의 꿈이 내 꿈이라고 생각하는 거요?"

한편, 나무꾼은 사슴을 잃은 것을 잊지 못하다가, 그날 밤 꿈에서 자기가 사슴을 감추어 두었던 곳과 그 사슴을 가져간 사람을 보았다. 날이 밝자 꿈에서 본

대로 그를 찾아갔다. 이에 사슴을 두고 소송이 벌어져 그 사건이 재판관에게 넘어갔다. 재판관이 말했다.

"그대는 처음에 사슴을 정말 잡았는데도 그것을 꿈이라고 말했네. 그리고 다시 사슴을 잡은 것은 꿈속의 사실로 여겼네. 그런데 저 사람은 정말로 자네의 사슴을 찾아서 자기 것이라 우기고 있네. 그리고 그의 아내는 꿈속에 잡은 사슴임을 알면서도 남이 그런 사슴을 잡은 일은 없을 거라고 했네. 지금 여기에 진짜 사슴이 있으니 이것을 둘로 나누어 갖도록 하게."

이를 듣고 정나라 임금이 말했다.

"아아! 재판관도 역시 꿈에서 사슴을 나누어 주려고 하는 것인가?"

이에 대해 재상에게 물으니 재상은 이렇게 답했다.

"꿈을 꾸었는지 꾸지 않았는지는 저로서도 분별할 수 없습니다. 생시의 일인지 꿈속의 일이었는지를 분별할 수 있는 분은 오직 황제나 공자뿐입니다. 그런데 지금은 황제도 공자도 계시지 않으니 누가 그것을 분별할 수 있겠습니까? 그러니 재판관의 말을 따르는 것이 옳은 줄로 압니다."

4-10.
이 우주도, 우리도,
어쩌면 모두 환영이 아닐까

노성자老成子가 윤문尹文 선생에게 환술幻術을 배우러
갔는데 삼 년이 넘도록 그 방법을 일러주지 않았다.
노성자가 자신이 무엇을 잘못했는지를 물으며 물러
가겠다고 하니, 윤문 선생은 읍揖을 하고* 그를 방으
로 들어오게 한 후 주위 사람들을 다 물러가게 한 다
음 노성자에게 말했다.

"옛날에 노자가 서쪽으로 떠나가실 때 나를 돌아보
며 이렇게 말씀하셨소.

'살아 있는 것이 지니고 있는 기운이나 형체를 지니
고 있는 모양들은 모두가 환상이라네. 조화가 시작

* 읍하는 것은 인사하는 예의의 하나로, 두 손을 맞잡아 얼굴 앞으로 들어 올리고
허리를 앞으로 공손히 구부렸다가 몸을 펴면서 손을 내리는 것을 말한다.

되는 것과 음과 양이 변화하는 것을 삶이라고도 하고 죽음이라고도 하지. 이치를 끝까지 탐구하여 변화에 통달함으로써 형체를 옮겨 놓기도 하고 바꾸어 놓기도 하는 것을 화化라고도 하고 환幻이라고도 하네. 조물주의 작용은 교묘하고 심오하여 완벽하게 알기도 어렵고 그 끝을 찾기도 어려운 것이지. 형체를 근거로 변화하는 것은 그 기교가 분명하다 하더라도 그 공은 천박한 것이기에 쉽게 생겨나고 쉽게 없어진다네. 이렇듯 환화幻化가 생사와 다르지 않음을 알아야만 비로소 환술을 배울 수가 있다네.'

그렇다면 나와 당신도 역시 환상이거늘 어찌 꼭 그것을 배우려 하오?"

노성자는 돌아가 윤문 선생의 말을 따라 세 달 동안 깊이 생각한 끝에, 마침내 존재하게 하고 멸망하게 하는 일을 자유자재로 하고, 사계절의 순서를 뒤바꿔 놓을 수 있게 되었으며, 겨울에는 우레를 일으키고 여름에는 얼음을 만들며, 날아다니는 것을 뛰어다니게 하고, 뛰어다니는 것을 날아다니게 할 수 있게 되었다. 그러나 평생을 두고 그의 환술을 드러내지 않았으므로 세상에 전해지지는 않았다.

열자가 말했다.

"변화를 잘 일으키는 사람은 그 도를 은밀하게 사용

하므로 그가 해놓은 일은 보통 사람들과 같다. 오제의 덕이나 삼왕의 큰 공은 모두 지혜와 용기의 힘으로 이루어진 것이 아니다. 혹시 환술의 변화를 써서 이루어 놓은 것임을 누가 알겠는가?"